司法鉴定逻辑

SIFA JIANDING LUOJI

主　编 ◎ 陈国庆　张中平
副主编 ◎ 范同学　冯兴梅　王志兵　陈延彬
撰稿人 ◎ 陈国庆　张中平　范同学　冯兴梅
王志兵　陈延彬　马　虹　潘　琳

暨南大學出版社
JINAN UNIVERSITY PRESS

中国·广州

图书在版编目（CIP）数据

司法鉴定逻辑/陈国庆，张中平主编．—广州：暨南大学出版社，2016.12
ISBN 978－7－5668－1980－2

Ⅰ．①司… Ⅱ．①陈… ②张… Ⅲ．①司法鉴定—法律逻辑学 Ⅳ．①D918.9②D90－051

中国版本图书馆 CIP 数据核字（2016）第 264274 号

司法鉴定逻辑
SIFA JIANDING LUOJI
主　编：陈国庆　张中平

出 版 人：徐义雄
责任编辑：柳　煦　黄文科
责任校对：林冬丽
责任印制：汤慧君　周一丹

出版发行：暨南大学出版社（510630）
电　　话：总编室（8620）85221601
　　　　　营销部（8620）85225284　85228291　85228292（邮购）
传　　真：（8620）85221583（办公室）　85223774（营销部）
网　　址：http://www.jnupress.com　http://press.jnu.edu.cn
排　　版：广州尚文数码科技有限公司
印　　刷：深圳市新联美术印刷有限公司
开　　本：890mm×1240mm　1/32
印　　张：5.25
字　　数：145 千
版　　次：2016 年 12 月第 1 版
印　　次：2016 年 12 月第 1 次
定　　价：25.00 元

内容提要

本书的体系结构分为六个单元：单元一“导论”；单元二“受理鉴定的逻辑特征”；单元三“实施鉴定的逻辑特征”；单元四“制作司法鉴定意见书的逻辑特征”；单元五“补正司法鉴定意见的逻辑特征”；单元六“鉴定人出庭作证的逻辑特征”。同时，附录司法鉴定常用的表格类、决定类、通知类及记录类等文本的参考样式。各单元均依本单元的知识要点，导入相应的鉴定案例，通过对这些案例进行逻辑分析，来阐释相关的概念、原理及其适用等内容。

本书既可供各司法鉴定机构及其司法鉴定执业人使用，也可作为政法类院校司法鉴定专业学生的参考读本。

前言

司法鉴定是诉讼活动中一项重要的调查取证活动。改革司法鉴定管理体制、加强司法鉴定质量管理工作，对司法鉴定活动提出了更高的要求，努力提高司法鉴定活动的水平和质量势在必行。《全国人民代表大会常务委员会关于司法鉴定管理问题的决定》第一条："司法鉴定是指在诉讼活动中鉴定人运用科学技术或者专门知识对诉讼涉及的专门性问题进行鉴别和判断并提供鉴定意见的活动。"这其中的"鉴别和判断"就是形式逻辑中的逻辑规则。

《司法鉴定程序通则》规定，司法鉴定过程分为鉴定的委托与受理、实施鉴定、出具司法鉴定意见书三个环节，而其中每个步骤的实施、每个环节的突破都需要进行大量的思维活动。而要进行思维活动，就离不开逻辑知识的应用，因此可以说，整个司法鉴定活动的过程就是不断地运用逻辑知识的过程。

本书紧密联系司法鉴定活动的实际，按照司法鉴定活动的顺序，对司法鉴定思维活动中常用的逻辑规则和逻辑方法，以及思维形式的结构、作用及其要求等，进行了比较系统的分析与概括，期望能为广大司法鉴定工作者提供有助于提高思维效率，保持思维严谨、清晰、正确的逻辑工具。逻辑与司法鉴定相结合，是本书的重要特点之一。

本书由陈国庆和张中平主编，负责编写提纲的拟定，经集体讨论修改后分别由撰稿人撰写初稿。范同学、冯兴梅、王志兵和陈延彬任副主编，分工负责司法鉴定案件实例，以及司法鉴定常用的表格类、决定类、通知类及记录类等文本样式的编写、整理。潘琳、马虹参编。

全书最后由陈国庆统稿、定稿。

本书写作过程中参考了一些专著和教材，得到了广东天地方正法医临床司法鉴定所、广东中平法医临床司法鉴定所等的大力支持，在此一并表示衷心的感谢。

对司法鉴定活动中的逻辑研究，至今依然是一个新课题，本书只是初步探究。由于编者的水平和经验有限，本书从编写方法到内容设置，难免有疏漏和不当之处，敬请读者批评指正。

编　者

2016 年 9 月于广东司法警官职业学院

目 录

单元三　实施鉴定的逻辑特征

单元四　制作司法鉴定意见书的逻辑特征

单元五　补正司法鉴定意见的逻辑特征

单元六 鉴定人出庭作证的逻辑特征

附 录 司法鉴定常用文本参考样式

单元一

导论

项目一

司法鉴定逻辑的性质和研究对象

司法鉴定逻辑，简单地说，就是研究或者分析司法鉴定活动中的逻辑问题。在阐述司法鉴定逻辑之前，必须明确“司法鉴定”与“逻辑”这两个概念。

鉴定案件实例

人体伤残等级鉴定案

2015 年×月×日，林××驾驶电动自行车行驶至××市三埠区曙光东路与东明路十字路口路段时，与一辆二轮摩托车发生碰撞，造成林××受伤。林××伤后于 2015 年×月×日到××市中心医院诊治，并于 2015 年×月××日出院。2016 年×月××日，××市人民法院委托×××××司法鉴定所，对林××损伤进行伤残程度鉴定。

该司法鉴定所法医根据公安交通管理部门提供的记录、影像学资料、道路交通事故认定书，结合法医临床检验所见事实情况，在分析说明、理由论证的基础上，作出“被鉴定人林××目前腰部功能障碍构成Ⅸ级伤残（九级伤残）”的鉴定意见。

本案中，法医们通过司法鉴定，解决了办案部门委托鉴定所要解决的专门性问题，即被鉴定人林××伤残等级问题。法医出具的《司法鉴定意见书》，就成为办案部门准确认定该起交通事故案件事实的证据。

一、“司法鉴定”概念

《全国人民代表大会常务委员会关于司法鉴定管理问题的决定》（以下简称《决定》）第一条：“司法鉴定是指在诉讼活动中鉴定人运用科学技术或者专门知识对诉讼涉及的专门性问题进行鉴别和判断并提供鉴定意见的活动。”这其中的“鉴别和判断”就是形式逻辑中的逻辑规则。

上述“司法鉴定”概念的定义表明司法鉴定具有以下五个基本特征：

（1）司法鉴定是在诉讼活动中进行的，是一项涉及诉讼的活动。

《决定》之所以将诉讼法中的“鉴定”称为“司法鉴定”，并不是鉴定活动本身具有司法职能，而是因为鉴定是在司法诉讼活动中进行的。

在现实生活和工作中，需要运用科学技术或者专门知识进行鉴别和判断的问题很多，但这类活动不一定都属于司法鉴定。只有在诉讼活动中对案件的某些专门性问题进行鉴别和判断的活动，才属于司法鉴定。在我国，诉讼活动包括刑事诉讼、民事诉讼、行政诉讼三种。因此，“在诉讼活动中”，就是指在刑事、民事、行政三种诉讼活动中。

（2）司法鉴定的主体是鉴定人。

鉴定人是指在诉讼活动中，依法接受委托对诉讼涉及的专门性问题进行鉴别和判断并提供鉴定意见的人。在我国，鉴定人包括面向社会服务的司法鉴定机构中的鉴定人和侦查机关内设鉴定机构中的鉴定人。

（3）司法鉴定的目的是解决诉讼涉及的专门性问题。

依照我国诉讼法律规定，对于诉讼涉及的专门性问题，需要进行鉴定的，应当依法进行鉴定。《中华人民共和国刑事诉讼法》第一百四十四条：“为了查明案情，需要解决案件中某些专门性问题的时候，应当指派、聘请有专门知识的人进行鉴定。”《中华人民共和国民事诉讼法》第七十六条：“当事人可以就查明案件事实的专门性问题向人民法院申请鉴定。当事人申请鉴定的，由双方当事人协商确定具备资格的鉴定人；协商不成的，由人民法院指定。当事人未申请鉴定，人民法院对专门性问题认为需要鉴定的，应当委托具备资格的鉴定人进行鉴定。”《中华人民共和国行政诉讼法》第四十二条：“在诉讼过程中，人民法院认为对专门性问题需要鉴定的，应当交由法定鉴定部门鉴定；没有法定鉴定部门的，由人民法院指定的鉴定部门鉴定。”

可见，司法鉴定的目的就是解决诉讼涉及的专门性问题。“诉讼涉及的专门性问题”，是指在刑事、民事、行政诉讼中，属于案件证明对象范围内的事项，如血型的确定、精神疾病的认定等，仅凭侦查人员、检察人员或者审判人员的直观、直觉或逻辑推理无法作出肯定或者否定的判断，必须依法运用科学技术或者专门知识进行鉴别和判断才能得出正确的结论。

（4）司法鉴定的方法是运用科学技术或者专门知识进行鉴别和判断。

司法鉴定是诉讼活动中一项重要的调查取证活动，由于在诉讼活动中有些问题不能够凭直观、直觉或逻辑推理直接认识和判断，因此，必须借助科学技术或者专门知识进行鉴别和判断。“科学技术”，是指人类在利用自然和改造自然过程中形成的反映自然、社会、思维等客观规律的知识体系。所谓“专门知识”，是指人们在某一领域的生产劳动及实践中积累起来的知识经验。在司法鉴定活动中，鉴定人必须具有从事相关司法鉴定业务的专业经历和专业技能。

（5）通过鉴别和判断提出确认鉴定事项最终结果的鉴定意见。

鉴定人在完成鉴定工作后，应当依照法律规定，向委托人提供由本人签名的书面鉴定意见。“鉴定意见”是指鉴定人在运用科学技术或者专门知识对诉讼中涉及的专门性问题进行鉴别和判断的基础上，给出的结论性意见。

可见，司法鉴定作为一种确认痕迹、物证的法定方法，其作用具体表现在四个方面：

（1）物证、书证是否经过鉴定，是办案机关审查与认定物证、书证效力的重要内容。

《最高人民法院关于适用〈中华人民共和国刑事诉讼法〉的解释》（法释〔2012〕21号）（以下简称《解释》）第六十九条规定，对物证、书证应当重点审查的五项内容，其中包括审查：一是物证、书证是否经过鉴定；二是对现场遗留的与犯罪有关的具备鉴定条件的血迹、体液、毛发、指纹等生物样本、痕迹、物品，是否作DNA鉴定、指纹鉴定等，并与被告人或者被害人的相应生物检材、生物特征、物品等比对。

最高人民法院《关于建立健全防范刑事冤假错案工作机制的意见》（法发〔2013〕11号）（以下简称《防范刑事冤假错案意见》）第二条第9项第二款："对于命案，应当审查是否通过被害人近亲属辨认、指纹鉴定、DNA鉴定等方式确定被害人身份。"

（2）对与案件事实可能有关联的痕迹和物品，应当检验而没有检验，导致案件事实存疑的，由办案机关依法补充收集、调取证据或者作出合理说明。

《解释》第七十二条："对与案件事实可能有关联的血迹、体液、毛发、人体组织、指纹、足迹、字迹等生物样本、痕迹和物品，应当提取而没有提取，应当检验而没有检验，导致案件事实存疑的，人民法院应当向人民检察院说明情况，由人民检察院依法补充收集、调取证据或者作出合理说明。"

（3）对存在疑问的相关证据，应当进行鉴定。

《解释》第九十二条："对视听资料有疑问的，应当进行鉴定。"第九十三条："对电子数据有疑问的，应该进行鉴定或者检验。"

（4）未通过鉴定的痕迹、物证以及涉案的物品、作案工具等，不得作为定案的根据。

《防范刑事冤假错案意见》第二条第9项："现场遗留的可能与犯罪有关的指纹、血迹、精斑、毛发等证据，未通过指纹鉴定、DNA鉴定等方式与被告人、被害人的相应样本作同一认定的，不得作为定案的根据。涉案物品、作案工具等未通过辨认、鉴定等方式确定来源的，不得作为定案的根据。"

物证自身并不能"说话"，无法直接证明案件事实，必须由人来解释物证所反映的案件情况。这就需要借助一定的科学技术方法。因此，鉴定是一种科学技术方法，在完成鉴定的基础上出具的鉴定文书就成为诉讼中证明案件事实的一种证据。

二、"逻辑"概念

鉴定案件实例

人体伤残程度鉴定

2012年×月×日，容××在××市××国贸大酒店有限公司上班时在茶水间碰撞到头部，晚上下班回到宿舍后出现头晕、呕吐，后被他人送至××市××医院及××市中心医院诊治。2013年×月××日，××市××区人民法院委托×××××司法鉴定所，对容××进行伤残程度鉴定。

一、检案摘要：1. ××市××医院关于容××病历资料记载：患者因"头部碰撞硬物后头晕约半天"于2012年×月×日入院。查体：神志尚清，双瞳孔等圆等大，直径约3.5mm，对光反射灵敏，伸舌居中，心肺查体未见明显异常，四肢肌力5级，双巴氏征阴性。头颅无开放性伤口，余查体未见明显异常。诊断：头晕查因，脑出血。2012年×月×日头颅CT示：脑室系统大量积血。现患者呈昏睡状，双侧瞳孔3mm，对光反射灵敏，四肢肌力4级，肌张力正常，生理反射存在，病理反射未引出。2. ××市中心医院关于容××病历资料（住院号：441641）记载：患者因"突发头痛头晕伴神志不清3小时"于2012年×月×日入院。入院体检：神志昏迷，GCS=7分，呼之不应，双侧瞳孔等大等圆，直径约2.5mm，对光反射灵敏，耳鼻无异常分泌物，颈软，无抵抗，Kernig sign（-），刺痛四肢肌力Ⅲ级，可疼痛定位，肌张力正常，生理反射正常，病理反射未引出。外院CT：小脑血肿破入脑室。本院CTA：小脑动静脉畸形伴血肿破入脑室。入院完善术前准备，急诊经绿色通道送手术室气管内全麻下行“左侧小脑动静脉畸形切除+脑内血肿清除术”，术后转ICU监护，予机械通气、预防性抗感染、脱水、促醒、营养脑神经、止血、营养等对症支持治疗。患者病情稳定后2012年×月××日转入神经外科进一步治疗，2012年××月××日进行DSA检查，结果提示左侧小脑动静脉畸形存在，大小约20mm×30mm，主要为左侧小脑前下动脉供血，主要引流静脉迂曲扩张回流到横窦。术后复查头颅CT：小脑动静脉畸形伴血肿术后复查：小脑呈术后改变，术区软化灶形成，请结合临床，右枕部、右侧额颞顶部硬膜下积液，较前2012年××月××日CT片减少。继续予以营养神经、改善循环、物理康复治疗，患者病情稳定，为求进一步康复治疗，于2012年××月×日转入我科治疗。转入后头颅CT提示：小脑动静脉畸形伴血肿术后复查，小脑呈术后改变，术区软化灶形成，请结合临床，右枕部硬膜下积液，较前略增多，原右侧额颞顶部硬膜下积液，较前基本吸收。脑电图提示：轻—中度不正常脑电图（a频率偏慢+右枕顶区a波幅下降）。入院后给予营养神经、改善循环、对症支持等治疗，控制危险因素，预防并发症，加强共济协调运动训练、ST、PT、针灸、OT、低频等物理康复综合治疗，过程顺利，现病情好转，于2012年××月××日出院。出院诊断：脑出血恢复期，小脑血肿清除术后，小脑动静脉畸形，脑血管畸形栓塞术后。2012年××月××日因“四肢活动困难3+月”再次入院。入院后查体：神清，顿挫样言语，对答切题，记忆力、计算力、定向力无异常，双瞳孔等大等圆，直径2.5mm，对光反射灵敏，双肺呼吸音清，未闻及干湿啰音。心率76次/分，律齐，各瓣膜听诊区未闻病理性杂音。双上肢肌力4+级，双下肢肌力4级，四肢肌张力正常，共济失调，指鼻试验（+），跟膝胫试验（+），颈软，克氏征（-），双巴氏征（-）。完善相关检查，经予改善循环、营养脑细胞等对症支持治疗，加强共济协调运动、肌力训练、言语功能训练等物理康复治疗等处理，患者症状好转，于2012年××月××日出院。出院诊断：脑出血恢复期，小脑动静脉畸形，脑血管畸形栓塞术后。

二、检验过程：1. 法医学活体检查：被鉴定人容××，坐轮椅入室就检，家属搀扶可缓慢行走，步态不协调，神志清楚，一般情况可，言语欠清晰，对答切题，检查合作。家属代述病史，家属述：味觉功能障碍，大小便、洗漱、穿衣均需家属帮助，可自行进食。后枕部见一长10.5cm手术瘢痕。头颅五官无畸形，双侧眼球不自主运动，双侧瞳孔等大等圆，对光反射灵敏，双侧额纹对称，双侧鼻唇沟对称，伸舌居中，鼓腮、示齿可。颈前区见一2.3cm×2.0cm气管切开瘢痕。胸廓对称无畸形，胸廓无压痛，脊柱生理弯曲存在。共济失调，指鼻试验、快速轮替试验、昂白氏试验、跟膝胫试验均阳性。四肢各关节活动功能正常，四肢肌力、肌张力正常，生理反射存在，病理反射未引出。2. 阅片所见：2012年×月×日××市××人民医院容××CT片（片号：093274）示：脑室系统内见大量积血，头皮软组织未见明显肿胀。2012年×月×日××市中心医院容××CT片（片号：225776）示：小脑动静脉畸形伴血肿术后，脑室系统内积血较前吸收。2012年××月××日××市中心医院容××CT片（片号：225776）示：小脑动静脉畸形伴血肿术后，术区见斑片状低密度软化灶形成，脑室内血肿已吸收，右侧额颞枕部硬膜下积液。

最后，法医们作出进一步判断：根据现有鉴定材料及法医学检验所见，被鉴定人容××因小脑动静脉畸形伴血肿破入脑室入院治疗，脑室系统内见大量积血。医院已行左侧小脑动静脉畸形切除+脑内血肿清除术等相关治疗，目前血肿已吸收，经康复治疗后，现仍遗留中度非肢体瘫的运动障碍（小脑性共济失调）等情况，大小便、洗漱、穿衣均需他人帮助，依据中华人民共和国国家标准 GB/T 16180—2006《劳动能力鉴定　职工工伤与职业病致残等级》中“中度运动障碍（非肢体瘫）”之规定，被鉴定人容××构成三级伤残，并据此作出了“被鉴定人容××的伤残等级属三级伤残”的鉴定意见。

逻辑分析

本案中，法医运用了充足理由的逻辑规律。法医们作出“被鉴定人容××的伤残等级属三级伤残”的鉴定意见，提出了以下理由：一是根据现有鉴定材料及法医学检验所见，被鉴定人容××因小脑动静脉畸形伴血肿破入脑室入院治疗，入院时 CT 片可见：脑室系统内见大量积血。医院已行左侧小脑动静脉畸形切除＋脑内血肿清除术等相关治疗，目前血肿已吸收；二是经康复治疗后，现仍遗留中度非肢体瘫的运动障碍（小脑性共济失调）等情况，大小便、洗漱、穿衣均需他人帮助；三是被鉴定人容××的伤残等级符合中华人民共和国国家标准 GB/T 16180—2006《劳动能力鉴定　职工工伤与职业病致残等级》中“中度运动障碍（非肢体瘫）”之规定。这三点理由是真实的，又可以从中必然地推出“被鉴定人容××的伤残等级属三级伤残”这一论断是真实的，因此，这三点理由就是充足理由。

充足理由律含义：在论断过程中，任何一个被确定为真的判断，都必须有充足理由。

所谓充足理由，不仅内容必须是真实的，而且必须与被确定为真的判断之间有着必然的联系，即从理由能必然地推出结论为真。

“逻辑”通常是指“形式逻辑”，它研究的是人们进行一般性的、日常的思维活动时的思维形式的结构和思维形式的基本规律。

人们在认识事物的过程中借助于概念、判断、推理等思维形式能动地反映客观现实的理性认识过程，是基于对认识者的思维及其结构以及起作用的规律的分析而产生和发展起来的。只有经过逻辑思维，人们对事物的认识才能达到对具体对象本质规定的把握，进而认识客观世界。它是人的认识的高级阶段，即理性认识阶段。因此，人们把概念、判断、推理等叫作思维形式。借助于概念、判断、推理等思维形式来认识客观事物，从而把握客观事物的本质和规律。

在现代汉语里，“逻辑”是个多义词：一是指客观事物发展的规律性，如“事物的逻辑”中的“逻辑”，是客观规律的意思；二是指某种理论、观点和说法，如“荒谬的逻辑”中的“逻辑”一词，就是在这一意义下使用的；三是指对思维形式的正确运用，如“合乎逻辑”，是指正确运用了思维形式，“不合逻辑”，是指没有正确运用思维形式。

三、司法鉴定逻辑的性质

司法鉴定逻辑是一种应用性质的形式逻辑，与侦查逻辑、审判逻辑、法庭论辩逻辑等一样，是法律逻辑的组成部分。所谓应用逻辑，是研究一般逻辑原理应用于特定科学领域、特定工作领域的逻辑形式，司法鉴定逻辑的任务就是将一般逻辑原理应用于司法鉴定实践之中。

逻辑思维的特点是以抽象的概念、判断和推理作为思维的基本形式，以分析、综合、比较、抽象、概括和具体化作为思维的基本过程，从而揭露事物的本质特征和规律性联系。

由此，司法鉴定逻辑也可以看作是一种综合性的逻辑，其内容除了具有形式逻辑的特点之外，还吸收了数理逻辑（如法医物证鉴定中的数据计算）、描述逻辑（如鉴定意见中对鉴定材料、鉴定过程的描述）以及自然科学的一些普遍方法。这些方法既然是普遍的，当然也就是符合逻辑的，因此，在司法鉴定中使用这些方法，也就是在进行各项具体的思维活动，当然也就是在进行逻辑推理。

司法鉴定是一项实实在在的实践活动，而其中每一个步骤的实施、每一个环节的突破都需要进行大量的思维活动。而进行思维活动，即离不开逻辑知识的应用，因此可以说，司法鉴定的过程就是不断地运用逻辑知识的过程。

（1）在鉴定委托与受理环节：司法鉴定机构对委托鉴定事项、鉴定材料等进行审查后，认为不符合条件决定不予受理委托的，需要提出不予受理委托的理由；认为鉴定材料不完整、不充分，不能满足鉴定需要而要求委托人补充的，也需要举出理由。

（2）在鉴定的实施环节：委托人要求司法鉴定机构进行补充鉴定或重新鉴定的，必须提出进行补充鉴定或重新鉴定的理由；司法鉴定机构在鉴定过程中决定终止鉴定的，需要提出终止鉴定的理由。实施鉴定的过程，就是对鉴定案件调查研究的过程。

（3）在出具司法鉴定意见书环节：完成鉴定事项后，按照统一规定的文本格式出具的司法鉴定意见书，就是在分析判断的基础上对鉴定事项最终结果的证明。

四、司法鉴定逻辑的研究对象

从整个逻辑学科来看，逻辑学可分为理论逻辑和应用逻辑，司法鉴定逻辑是一门应用性逻辑，是将一般逻辑原理应用于司法鉴定领域的逻辑。

在各种具体的实际工作中，人们思考的对象不同，就形成了不同内容的思维过程。任何一个具体的思维过程都有其表现形式，研究这些思维过程的逻辑问题的目的，就是为这些具体的思维过程提供形式上的合理或正确的充分条件。例如，印章印文鉴定中鉴定人发现检材与样本印文特征的思维过程：检材与样本印文存在足够数量的符合特征，且符合特征总和的价值充分反映了同一枚印章印文的特点；检材与样本印文没有本质的差异特征；检材与样本印文发生变化的印文特征能得到合理的解释。据此作出“检材印文……与样本印文……是同一枚印章盖印”的肯定同一的鉴定意见。

思维是人脑的一种机能，是人在理性认识阶段的一种认识活动。人的认识分为初级和高级两个阶段。初级阶段为感性认识阶段，即感觉和印象阶段。这个阶段的特点是认识的直观性和表面性，只能认识事物的表面现象和外部联系。高级阶段为理性认识阶段，即思维阶段。思维的重要特点是概括性、间接性以及与语言的不可分割性。思维阶段之所以被称为认识的高级阶段，是因为人通过思维能够把握事物的内部联系和本质属性。人们在实践中，对感性阶段所获得的材料进行加工，通过“去粗取精，去伪存真，由此及彼，由表及里”的改造，由感性认识跃进到理性认识，这是人们认识过程的一个突变。

司法鉴定逻辑的研究对象，就是与司法鉴定证明活动密切联系的逻辑思维基本形式和逻辑思维方法。

（一）概念

概念是反映对象特有属性或本质属性的思维形式。

（1）对象：自然界、社会、精神领域的各种事物。

（2）属性：事物的性质以及事物之间的关系。

（3）特有属性：只为该事物独有，而其他事物不具有的属性。

（4）本质属性：决定一个事物之所以成为该事物并与其他事物区别的属性。

（5）概念具有两个基本特征，即概念的内涵和外延。

概念的内涵：反映在概念中的对象的特有属性或本质属性，就是回答事物是什么样的。

概念的外延：具有概念所反映的特有属性或本质属性的对象，就是回答这类事物有哪些。

我们常说要明确（即解释）概念，就是指要明确概念的内涵和外延。

事物由于属性的相同与相异，组合成不同的类。具有相同属性的事物组成一类，例如，物证类鉴定，包括文书鉴定、痕迹鉴定和微量鉴定。具有不同属性的事物组成不同的类，例如，司法鉴定类别包括法医类鉴定、物证类鉴定、声像资料鉴定。

概念的形成过程是指人们在对事物感性认识（如感知、印象等）的基础上进行加工的过程，一般是通过比较、分析、综合、抽象、概括等逻辑方法完成。

所谓抽象，就是在分析、综合、比较的基础上，从众多的事物中抽取出共同的、本质的特征，舍弃其非本质的特征，并把本质特征提到首要的地位加以认识。例如重伤、轻伤、轻微伤等，它们共同的特性就是损伤。得出损伤概念的过程，就是一个抽象的过程。要抽象，就必须进行比较，没有比较就无法找到本质上共同的部分。

抽象思维是人们在认识活动中以抽象概念为形式的思维，是人类思维的核心形态，它主要运用概念、判断、推理等思维形式，对客观事物的本质属性和规律性联系进行间接的、概括的反映，是人类最基本也是运用最广泛的高级的思维方式。一切正常人都具备逻辑思维能力，但有高下之分。

所谓概括，是形成概念的一种思维过程和方法。即在头脑中把从各种事物中抽象出来的共同特征联合起来，从而形成关于这类事物的普遍概念。作为一种思维方法，概括是“在思想中从某类事物个别、少数对象具有某种属性，推广到某类事物的全体对象都具有这种属性”，所以概括是形成普遍性认识的一种思维方法。

普遍性认识既有可能是关于事物的表面特征的，也有可能是关于事物的本质特征的。例如人体损伤鉴定，“被鉴定人意识清晰，衣着整齐，年貌相符”，这是关于被鉴定人的表面特征概括；“人肢体或者容貌损害，听觉、视觉或者其他器官功能部分障碍或者其他对于人身健康有中度伤害”，则是关于被鉴定人损伤的本质特征的概括。关于事物的本质特征的概括，对于我们形成事物的概念和对该事物的规律性认识，具有重要的认识价值。

概念是思维的起点，是人们进行判断和推理的基础。由概念组成判断，再由判断组成推理；没有概念，就无法进行思维活动。

（二）定义

定义是用简短或简练的语句明确概念内涵的逻辑方法。简而言之，就是通过给概念下定义来揭示概念的含义。因此，人们对概念的理解是通过概念的含义来具体实现的。

范例①：“重伤”指使人肢体残废、毁人容貌、丧失听觉、丧失视觉、丧失其他器官功能或者其他对于人身健康有重大伤害的损伤。“轻伤”指使人肢体或者容貌损害，听觉、视觉或者其他器官功能部分障碍或者其他对于人身健康有中度伤害的损伤。

上述两个定义分别明确了“重伤”和“轻伤”两个概念的具体内涵，也就找出了两个事物的本质属性。

如果不给“重伤”和“轻伤”两个概念下定义，我们就不能确切了解它们的含义。只有明确了概念的内涵，才能了解概念的含义；只有明确了概念的内涵，才能区别概念、区分事物。

范例②：“重伤”这个概念，就是在重伤和轻伤本质属性之间进行比较，把“重伤”所特有的、轻伤所没有的本质属性抽象出来，从而得到“使人肢体残废、毁人容貌、丧失听觉、丧失视觉、丧失其他器官功能或者其他对于人身健康有重大伤害的损伤”这个本质属性，这样就得出了“重伤”这个概念。

（三）划分

划分是明确概念外延的逻辑方法。概念定义是明确概念内涵，而概念划分是明确概念的外延。

有些概念的外延包括的对象较多，外延有时不明确，就需要划分来明确概念的外延。

例如“法医类鉴定”这个概念的外延很大，包括的对象比较含糊，《决定》第十七条第（一）项“法医类鉴定”包括“法医病理鉴定”“法医临床鉴定”“法医精神病鉴定”“法医物证鉴定和法医毒物鉴定”，这样就明确多了。其中的“包括”就是划分，对“法医类鉴定”的划分所依据的就是法医类鉴定的具体内容。

如果不对“法医类鉴定”的外延进行划分，就有可能扩大或缩小“法医类鉴定”这个概念的外延。所以，概念的划分是明确概念外延的一种逻辑方法。

（四）判断

人们在思维的过程中，不仅需要借助于概念的形式来反映一定客观事物的本质属性，而且还需要借助于判断（陈述）的形式来断定某对象有无某属性或对象之间有无某种关系。判断就是断定某对象有无某属性或对象之间有无某种关系的思维形式。

例如某人身上沾有血迹，当人们看到这种情况，或者说当我们认识到这种情况后，就形成了“某人身上沾有血迹”这个判断，用这个判断来反映这种事物情况。

“使人肢体残废、毁人容貌、丧失听觉、丧失视觉、丧失其他器官功能或者其他对于人身健康有重大伤害的损伤，是重伤。”这就是对重伤的判断。

判断的特征：一是必须对事物有所断定，二是总有真假。断定某对象具有某属性或对象之间有某种关系，是对于该对象有所肯定；断定某对象不具有某属性或对象之间没有某种关系，是对于该对象有所否定。肯定或否定，都是有所断定。如果在思维中对于某种对象无所断定，即既不肯定什么，又不否定什么，那就不能成为判断。

范例：①张三的损伤是重伤。②张三的损伤不是重伤。③某甲和某乙是父子。④某甲和某乙不是父子。

上述都是判断。其中例①判断，就断定张三具有重伤的属性；例②判断，就断定张三不具有重伤的属性；例③判断，就断定某甲和某乙之间是父子关系；例④判断，就断定某甲和某乙之间不是父子关系。

（五）推理

在思维实践中，人们不仅运用概念进行判断，以表现思维的内容或结果，而且按照一定的逻辑规律、规则，从已有的判断推出新的判断，以实现认识或论证真理的目的。这种以已有的判断推出新的判断的思维形式，就是推理。

推理是“使用理智从某些前提产生结论”的行动，是从一个或几个已知的判断（前提）出发，推出新（即未知的）的判断。已知的判断，称为推理的前提，新的判断，称为推理的结论。其作用是从已知的知识得到未知的知识，特别是可以得到不可能通过感觉经验掌握的未知知识。推理主要有演绎推理和归纳推理。

例如，对于“使人肢体残废、毁人容貌、丧失听觉、丧失视觉、丧失其他器官功能或者其他对于人身健康有重大伤害的损伤，是重伤”的判断，可以推理为“凡是使人肢体残废、毁人容貌、丧失听觉、丧失视觉、丧失其他器官功能或者其他对于人身健康有重大伤害的损伤，都是重伤”。这一新的判断，就是以重伤的特征判断为前提，对构成重伤的行为进行推理的结论。

推理的特征：演绎推理的逻辑特征是如果前提为真，那么结论一定为真，是必然性推理；非演绎推理的逻辑特征为虽然前提是真的，但不能保证结论是真的，是或然性推理，即有可能而不一定。

范例：笔迹鉴定中肯定同一的推理过程，从“检材与样本字迹存在足够数量的符合特征，且符合特征总和的价值充分反映了同一人的书写习惯；检材与样本字迹没有本质的差异特征；检材与样本字迹发生变化的笔迹特征能得到合理的解释”三个推理判断出发，推出“检材字迹……是某人所写”的结论性推理判断。

司法鉴定推理是鉴定人根据收集到的鉴定材料和有关科学知识，推出鉴定案件真实情况的思维过程。司法鉴定活动中，鉴定人观察、分析所获得的鉴定材料事实，就可以作为推理的前提来进行推理。司法鉴定逻辑研究推理，主要是研究推理形式，特别是研究哪些推理形式是正确的或有效的，哪些推理形式是不正确的或无效的，以保证思维正确，避免思维错误。作为一门应用逻辑的司法鉴定逻辑，还要注重研究那些对司法鉴定活动有特殊意义的推理形式，以充分发挥逻辑在司法鉴定活动中的作用。

《解释》第一百零五条："没有直接证据，但间接证据同时符合下列条件的，可以认定被告人有罪：……（五）运用证据进行的推理符合逻辑和经验。"

《最高人民法院关于适用〈中华人民共和国民事诉讼法〉的解释》（法释〔2015〕5号）第九十三条："下列事实，当事人无须举证证明：……（三）根据法律规定推定的事实；（四）根据已知的事实和日常生活经验法则推定出的另一事实。……"

可见，在诉讼活动中运用逻辑规则推定出的事实证据，对案件事实的认定具有独特的证明力。

综合上述，逻辑思维的特点是以抽象的概念、判断和推理作为思维的基本形式，以分析、综合、比较、抽象、概括和具体化作为思维的基本过程，从而揭露事物的本质特征和规律性联系。

项目二

司法鉴定逻辑的特点

一门学科的特点就是它的主要特征，一门应用逻辑学科的特点是由从事这项具体实际工作的人的思维活动的特点所决定的，当然，从根本上说是由这项工作的客观情况的特点决定的。司法鉴定的客观实际也就决定了司法鉴定逻辑的特点。一般认为，它具有“回溯性”和“或然性”两个特点。

一、回溯性

回溯推理法又称为溯源推因法，有广义和狭义两种理解。广义的回溯推理是根据事物发展过程所造成的结果，推断形成结果的一系列原因的整个逻辑思维过程；而狭义的回溯推理则是指从事物的结果推断其原因的一种思维方法。简而言之，回溯推理思维方法就是从事物的“果”倒回到事物的“因”的一种方法。

司法鉴定活动通常只能从办案机关或者委托人提供的鉴定材料获得的各种有关鉴定案件事实入手，来追溯鉴定事项的结果。从时间顺序看，是从现在的事实来确定过去的事实；从客观事实与客观事实之间的联系看，是先知道结果再找到原因。在实际思维中，要结合运用观察方法、分析方法、实验方法、综合方法，经过正确的推导才能成功。

回溯推理法最主要的特征就是因果性，在通常情况下，由事物变化的原因可知其结果；在相反的情况下，知道了事物变化的结果，又可以推断导致结果的原因。因此，事物的因果是相互依存的，同时也是辩证的。

回溯推理在逻辑结构上包括以下要素：

（1）观察到的待解释的现象。

（2）导致观察现象的可能的原因作为结论。

（3）结论蕴含观察到的现象是一般规律或常识。

如果用 P 表示观察到的现象，用 C 表示回溯推理中推测的导致现象的原因，那么，回溯推理可以用下列公式表示：

P：已知的现象。

C→P：推理者已知的一般性知识。

C：该已知现象的原因或条件。

司法鉴定，实际上都有回溯的思维过程。例如，当我们研究法医病理鉴定中某人的死亡原因时，应该考虑这几种可能：①自然死亡（病死或老死）；②非自然死亡（暴力性死亡）；③不幸事件。但其中哪一种为真呢？有待进一步检验、判断。

死亡原因鉴定，就是确定是自然死亡（病死或老死）或非自然死亡（暴力性死亡）或不幸事件。若同时存在损伤与疾病时，要分析损伤、疾病与死亡的关系；如果存在几种致命性损伤，就要确定主要死因，以便澄清谁应负主要致死责任。

从逻辑角度上看，死亡原因鉴定，实际上就是从已知的事实出发，来推出或者证明未知的、已经发生的事实的过程。这其中已知的事实就是鉴定案件的证据。那么什么是死亡原因鉴定案件中的“已知的事实”？那就是“某人已经死亡”的已知事实。什么是死亡原因鉴定案件中的“未知事实”？那就是“致某人死亡的原因”的未知事实。

因此，委托对某人死亡原因的鉴定，就是从“某人已经死亡”这一已知的证据出发，运用法医病理学的理论和技术，通过尸体外表检查、尸体解剖检验、组织切片观察、毒物分析和书证审查等手段来推出或者证明“某人死亡原因”，继而出具证实某人因何种原因致死的鉴定意见。

范例①：冠状动脉粥样硬化性心脏病急性发作致大面积心肌梗死是根本死因，斯打、情绪激动等可作为死亡的诱发因素。

范例②：林某的主要死亡原因为融合性小叶性肺炎致呼吸衰竭；生前体表多处钝性损伤对疾病演变产生影响。

尽管司法鉴定思维活动是回溯性的思维，但并不是说司法鉴定只需要回溯推理，实施完成司法鉴定案件不可能只使用这样一种推理形式，还要结合其他各种推理形式和方法。

回溯推理是司法鉴定实践中不可缺少的一种推理。因为当某一事件发生时，我们所看到的往往只是结果，而引发这一结果的原因一般看不到。这就需要我们能够根据事物之间的因果联系由果溯因。在司法鉴定活动中回溯推理尤其重要。司法鉴定人员要能够从鉴定材料推断出尽可能翔实的与案情有关的事实情况。这需要司法鉴定人员不仅具备丰富的事物之间因果联系的知识，而且要具备由果溯因的逻辑推理能力。

二、或然性

司法鉴定逻辑的另一明显特点是或然性，即有可能而不一定。这是由司法鉴定活动中所形成或使用的思维形式在很多时候都具有或大或小的不确定性而造成的。

或然性推理是“必然性推理”的对称，指从真前提只能或然地（并非必然地）推出真结论的推理。主要分为简单枚举归纳推理和类比推理。

或然性推理与必然性推理的主要区别在于：必然性推理能够从真前提必然地推出真结论，即只能是唯一的结果。必然性是指事物发展、变化中的不可避免和一定不移的趋势。必然性是由事物的本质决定的，认识事物的必然性就是认识事物的本质。而或然性推理最多推出或然性的结论，即有可能而不一定。

简单枚举归纳推理是不完全归纳推理的一种。其特点是：作为前提的关于某类事物部分对象的判断，只是知其然而不知其所以然，由此推出关于某类事物全体对象的判断带有或然性。如观察到被鉴定人身上有损伤等事实而不知其所以然，由此推出“被鉴定人的损伤是锐器所致”的结论就是简单枚举归纳推理。

类比推理是根据两个或两类对象在某些属性上相同，推断出它们在另外的属性上（这一属性已为类比的一个对象所具有，另一个类比的对象尚未发现）也相同的一种推理。类比推理在日常思维中经常运用，我们常说思维要“举一反三”“触类旁通”等，这种思维过程就是运用类比推理。

从前提与结论的真假同推理形式是否必然的关系来看，有这么几种情况：

前提	推理形式	结论
真	必然性	真
真	或然性	可真可假
假	必然性	可真可假
假	或然性	可真可假

可见，结论是或然性判断的推理应有三种情况：

（1）尽管前提真实，但推理形式不具有必然性，使得结论可真可假。

（2）尽管推理形式正确，但前提的真实性未被明确，故前提可能是假的，所以结论也是可真可假。

（3）进行推理的形式是或然的并且前提的真实性未被证明的情况，在实践中使用较少，因为这表明人们进行推理时没有任何可靠依据。

在司法鉴定过程中，存在着两个方面的不确定情况：

（1）推理的不确定情况。司法鉴定过程中，很多时候其所作结论都没有必然性，即结论不是必然为真，而是可能为真也可能为假。这是由于司法鉴定人占有的鉴定材料不多，而要由不多的鉴定材料来必然地推定案件的所有相关事实是不可能的。

范例①：由于委托机关无法提供有效检材，本中心难以对王某生前用药情况进行评价，故无法明确王某的死亡与使用药物之间的关系。

范例②：由于委托机关不能提供剩余的输液药品样本或检验结果，故无法判断有无药物使用过量的情况。

（2）判断的不确定情况。司法鉴定过程中所使用的判断，往往也是具有或然性的。所谓具有或然性的判断，是指这个判断所断定的情况并不是确定性的。判断的或然性分为两种情况：

一是这个判断从形式上就确定了它所断定的情况具有或然性，即这些情况可能为真也可能为假。例如，模态判断中的可能模态判断“……可能是……”。范例“检材字迹……有可能是某人书写”就是对“检材字迹……是某人书写”这一情况不具有必然性，只具有可能性的断定。

模态判断是对陈述事物情况的必然性或可能性的判断，含有“必然”“必然不”“可能”“可能不”这一类的模态词。

逻辑上将模态判断分为必然性判断（包括肯定判断、必然否定判断）、可能性判断（包括可能肯定判断、可能否定判断）。

司法鉴定证明中，大多数最终的结论性鉴定意见都采用模态词。如法医类鉴定：“死者的两上臂皮下出血，其损伤程度较轻，未见炎症反应，体表亦未反映出工具类致伤物（如棍棒、带有棱边棱角的其他工具等）的损伤特征，不排除机械性窒息呼吸困难期。”如物证类鉴定：“检材字迹……极有可能是某人所写。”

二是所获得的判断本身就有真和假两种可能。例如，根据或然性推理得到的结论判断，显然不是必然为真的，又如对委托人提供的鉴定材料，在未经核实之前，都是可能真也可能假的。正因如此才需要对鉴定材料的真实性、合法性进行审查验证。实际上，判断的或然性是判断的基本特征，判断是对事物情况的断定，断定的情况符合客观实际则判断就真，不符合就假。显然不能认为所有判断都是真的。

项目二

司法鉴定逻辑的作用

各门科学都需要应用逻辑，司法鉴定也不例外，而且十分有必要。这是因为司法鉴定与逻辑的关系特别密切。司法鉴定活动的过程，不仅是运用具体的科学技术或者专门知识进行调查研究的过程，而且也是进行逻辑推理和证明的过程。办理鉴定案件，从证据的收集和鉴别到司法鉴定意见书的制作，都得应用形式逻辑。因此，逻辑在司法鉴定中，有着特别重要的作用，主要体现在四个方面：

1. 有助于鉴定人把一般逻辑知识应用于司法鉴定实践

逻辑中的推理是间接求知，是增长人们知识的重要方法。人们获得关于事物的知识，不外乎三种途径：

（1）亲自参加变革事物的实践，从中直接获得知识，称为亲知。

（2）从看书、听讲中获得知识，称为闻知。这种获得知识的途径，虽然能增长知识，但不能发展知识。

（3）按照一定的逻辑规律、规则，从已有的知识中推出新的知识，称为推知。推知是获得新知识的重要来源。

司法鉴定是一个通过客观的观察方法、科学的理论论证以及正确的逻辑思维来反映鉴定案件的实质并得出鉴定意见的过程。要完成这一过程，光有逻辑知识是不够的，还需要掌握专业理论、技术方法和丰富的实践经验；同样，光有专业理论、技术方法和丰富的实践经验也是不行的，必须把两者有机地结合起来、融会贯通，才能极大地提高鉴定人在司法鉴定领域中的思维能力。因此，鉴定人员掌握了推理的思维形式，就可以凭借自己的专业理论、技术方法和取得的证据，去认定时过境迁的鉴定案情。

2. 有助于鉴定人掌握司法鉴定实践中的一些特殊的逻辑推理和方法

司法鉴定是一项实实在在的实践活动，鉴定人是通过审查委托人提供的鉴定材料而获知鉴定案件的情况，然后通过实施鉴定来把握、证实鉴定案件的事实情况，最终通过提出鉴定意见而确认鉴定案件的事实。其中每个步骤的实施、每一个环节的突破都需要进行大量的思维活动。而思维，始终离不开逻辑知识的应用，因此可以说，整个司法鉴定的过程就是不断地运用逻辑知识的过程。

形式逻辑的知识只告诉人们一些最普遍的逻辑思维形式，因为它的研究对象是人类共同的思维活动的结构形式。然而，由于人类有不同内容的实践活动，因此，不同领域中的常用思维形式就不一定相同，司法鉴定活动也是如此。比如那些司法鉴定活动常用的而形式逻辑又不大研究的形式，如或然性推理、假设方法、回溯推理、比对，以及探究因果联系的逻辑方法等。要提高司法鉴定思维能力，提高鉴定办案质量，就必须掌握好司法鉴定逻辑的知识内容。

其实，鉴定人在司法鉴定思维活动中都自觉或不自觉地正确运用了逻辑推理和逻辑方法，只是没有意识到而已。

3. 有助于减少司法鉴定过程中的逻辑错误

司法鉴定中，鉴定人需要分析鉴定材料，对鉴定案件的情况作出自己的认识。这些认识一般来说，不可能全部都正确。显然，不正确的那些认识是不能成立的。而要提高思维效率，就需要识别那些不正确的认识。通常，有的认识明显不符合实际情况，能很快被否定，而有的错误认识，就需要运用逻辑知识来判断。

范例①：有一案例，鉴定部门对死者的结论是：死者是因绳索压迫颈部引起窒息死亡，背部肩胛区、肘关节有抵抗伤，喉头黏膜有散在性出血，有被扼、被勒之后再上吊的可能。

如果受理此案的重新鉴定，首先，用逻辑的知识来判断结论的性质：此案的结论没有完全排除自杀的可能，只是说他杀的可能性大。运用的逻辑形式显然是或然性的逻辑推理，不是必然性的逻辑推理。其次，决定是否受理此案的重新鉴定，关键在于本案现有的鉴定材料能否证明两个情节：一是“绳索”折扣的方法，从绳索折扣的方法可以判断是否由死者本人的能力所形成；二是“背部肩胛区、肘关节有抵抗伤”由何物件所形成，从而判断“抵抗伤”的性质。

委托人之所以委托重新鉴定，就是希望能通过重新鉴定给出死因的必然性结论。如果本案现有的鉴定材料不能证明上述两个情节，受理此案的重新鉴定就没有意义，因为体现不出重新鉴定人的高水平。鉴定人的高水平就是体现在司法鉴定活动中善于看到别人看不到的事情，解决别人解决不了的问题。

范例②：笔迹鉴定中判断结论依据：一是检材与样本字迹存在足够数量的符合特征，且符合特征总和的价值充分反映了同一人的书写习惯；二是检材与样本字迹没有本质的差异特征；三是检材与样本字迹发生变化的笔迹特征能得到合理的解释。据此作出“检材字迹……是某人所写”的最终判断。

本范例中的判断是推理判断形式。前三项为推理的前提，最终判断为推理的结论。衡量运用推理判断形式推出判断结论的可靠性，关键在于前三项推理判断的前提是否为真，即得出前三项推理判断所依据的鉴定材料必须是真实的，不能有假。否则，最终的判断结论是不可靠的。

因此，在委托与受理鉴定环节中对鉴定材料进行合法性、真实性、完整性等审查验证就显得尤为重要。

在司法鉴定实践中，需要鉴定人员把逻辑学与司法鉴定活动紧密结合起来，把形式逻辑的知识和原理具体应用到司法鉴定实际活动中来，并做到融会贯通，只有这样才能从根本上提高鉴定人在司法鉴定活动中的思维能力。因此，在司法鉴定活动中掌握一些特殊的逻辑推理和逻辑方法，有助于减少司法鉴定过程中的逻辑错误。

4. 有助于提高表达能力，使口头语言和书面语言具有条理性

人们的概念、判断的形成过程，推理的过程，就是调查研究的过程。只有经过反复考察和思考，才能获得正确的认识，形成正确的思想。正确思想的形成过程离不开逻辑，把自己的思想传达给别人，就更离不开逻辑了。例如，面对委托人对鉴定过程、鉴定意见提出的询问，司法鉴定人应当给予解释或者说明，而且鉴定人的解释或者说明必须合乎逻辑。如果不合逻辑而导致委托人听不懂，就无法同意鉴定意见书的观点和主张了。

条理性、明确性和首尾一致性对制作司法鉴定意见书来说，就更加重要。如果概念含义不明，用语产生歧义，界限混淆不清，结构杂乱，内容自相矛盾，就无法使司法鉴定意见在程序上产生应有的法定证据效力。可见，合乎逻辑是对制作司法鉴定意见书的基本要求。

总而言之，司法鉴定逻辑的作用可以概括为“说理”“推理”和“条理”，都离不开一个“理”字。我们强调司法鉴定逻辑，就是要证明，鉴定意见之所以被认定为法定的诉讼证据，是因为鉴定意见是建立在充分的分析说明和理由论证的基础之上的，是完全符合常理和逻辑的。

单元二

受理鉴定的逻辑特征

项目一

受理鉴定概述

一、受理鉴定概念

受理鉴定，是指司法鉴定机构对委托人提出的委托鉴定事项和提供的鉴定材料进行审查后，对符合鉴定条件的委托予以接受并由双方签订司法鉴定委托书的一种活动。要掌握整个司法鉴定过程中逻辑知识的运用，得从受理鉴定环节开始。

司法鉴定过程分为三个环节，即鉴定的委托与受理、实施鉴定、出具司法鉴定意见书。受理鉴定是鉴定机构开展司法鉴定活动的第一个环节，是实施鉴定、出具司法鉴定意见书的前提和基础。

其一，受理鉴定是实施鉴定、提出鉴定意见的开端。只有经过受理环节，才会进入实施鉴定、出具司法鉴定意见书的环节。因此，离开了受理环节，则无法实施鉴定和提出鉴定意见。委托与受理是实施鉴定和提出鉴定意见的合法依据。

其二，通过对委托人提供的鉴定材料进行审查验证，为实施鉴定和提出鉴定意见提供真实、完整、充分的依据。鉴定材料是否真实、完整、充分，决定了实施鉴定的可靠性，决定了鉴定意见的有效性。

依照《司法鉴定程序通则》（以下简称《通则》）第十一条、第四十八条、第四十九条：“司法鉴定机构统一受理办案机关的司法鉴定委托。”“办案机关，是指办理诉讼案件的侦查机关、审查起诉机关和审判机关。”“在诉讼活动之外，司法鉴定机构和司法鉴定人依法开展相关鉴定业务的，参照通则规定执行。”这样不仅明确了司法鉴定机构受理鉴定的范围，同时也明确了鉴定机构受理鉴定过程中的逻辑问题。

二、鉴定材料的分类

鉴定材料即鉴定事项所需的材料，它是受理鉴定的基础和前提。鉴定事项是委托司法鉴定所要解决的专门性问题，即《决定》第十七条规定的项目，包括法医病理鉴定、法医临床鉴定、法医精神病鉴定、法医物证鉴定和法医毒物鉴定，文书鉴定、痕迹鉴定和微量鉴定，声像资料鉴定这九类。在刑事、民事、行政诉讼的各类案件中涉及的常见鉴定事项有损伤程度鉴定、死亡原因鉴定、亲权关系鉴定、行为能力鉴定、文书资料的真实性鉴定和伤残等级鉴定等。

分类是把鉴定材料中具有相同属性的材料归为一类，不同属性的材料各归为不同类的逻辑方法。《通则》第十二条第三款：“鉴定材料包括生物检材和非生物检材、比对样本材料以及其他与鉴定事项有关的鉴定资料。”

（1）生物检材。广义上讲，是指有生命的动植物的全部及部分残留于鉴定案件中的痕迹物证。狭义上讲，是指人体、尸体以及与人体有关的血迹、指纹、足迹、字迹、毛发、体液、分泌物、人体组织等痕迹和物品。

（2）非生物检材。如药物、毒物、化学物质、油墨、纸张、录音录像制品等。

检材是指鉴定的对象，鉴定案件中特指需要进行鉴定的可疑痕迹、物品。例如，文书鉴定中的检材，特指需要进行鉴定的可疑文件；笔迹鉴定的检材，是指犯罪嫌疑人书写的文字手稿，它是一种未知来源的原始证据材料。

（3）比对样本材料。在鉴定案件中特指供比较和对照分析的痕迹、物品。例如，文书鉴定中的样本，特指供比较和对照分析的文件；笔迹鉴定的样本，是指受审查人（即被怀疑的人）书写的文字手稿，它是一种已知来源的供比对检验用的笔迹。

（4）其他与鉴定事项有关的鉴定资料。指与鉴定事项有关的书证资料，如案卷、病史、文件资料、音像资料等。

鉴定材料的分类，属于逻辑方法中的划分方法。

“鉴定材料”这个概念的外延就很大，包括的对象使人不明确，《通则》将“鉴定材料”划分为“生物检材”“非生物检材”“比对样本材料”和“其他与鉴定事项有关的鉴定资料”四种，就明确多了。对“鉴定材料”划分所依据的就是司法鉴定的具体鉴定内容。

如果不对“鉴定材料”的外延进行划分，就有可能扩大或缩小“鉴定材料”这个概念的外延。所以，概念的划分是明确概念外延的一种逻辑方法。

分类是充分占有和使用鉴定材料的方法，其作用在司法鉴定中主要表现为：①通过分类可区别各个材料之间的相同点和不同点，便于寻找每一类材料所包含的事实。②通过分类使各种材料系统化，根据各类材料之间关系，分析研究鉴定案件的各方面情况。③通过分类能考察材料之间的内在必然联系，且有助于对鉴定案件得出正确的认识。

三、鉴定材料的来源

鉴定材料是鉴定的基础，其来源和质量直接影响到鉴定意见的科学性与可靠性，直接影响到鉴定意见能否作为定案的根据。

在司法鉴定实践中，受理鉴定的准确性，显然取决于鉴定材料的准确性与可靠性，而鉴定材料的可靠性又取决于鉴定材料来源的可靠性。所以，为了确保受理鉴定阶段的思维活动、思维成果即认识成果的正确、可靠，必须注意把握鉴定材料的来源方面，这样才能对我们是在什么基础上进行思维的，因而思维的逻辑性质会是怎样的，有一个正确的认识。鉴定材料的来源一般为：

（1）在诉讼过程中办案机关委托鉴定时提供的涉及鉴定事项的案件材料。

（2）行政机关在行政执法和查办案件过程中委托鉴定时提供的涉及鉴定事项的行政案件材料。

（3）个人委托鉴定时提供的涉及鉴定事项的鉴定材料。

四、诉讼证据和鉴定材料的特征

（一）诉讼证据的特征

1. 什么是诉讼证据

在日常生活、工作和科学研究当中，人们经常广泛地运用证据，举出自己知道的事实，来证明另一些事实的存在。顾名思义，一般意义上的证据，就是证明的凭证，即用已知的事实来证明未知的事实。但是，仅用一般证据的概念来理解诉讼证据是不够的，因为诉讼的特殊性，决定了诉讼证据有其特殊的本质和特征。

诉讼证据，是办案人员依照法定的程序收集并审查核实，能够证明案件真实情况的证据。其法律根据为《中华人民共和国刑事诉讼法》第四十八条：“可以用于证明案件事实的材料，都是证据。证据包括：（一）物证；（二）书证；（三）证人证言；（四）被害人陈述；（五）犯罪嫌疑人供述和辩解；（六）鉴定意见；（七）勘验、检查、辨认、侦查实验等笔录；（八）视听资料、电子数据。证据必须经过查证属实，才能作为定案的根据。”《中华人民共和国民事诉讼法》第六十三条：“证据包括：（一）当事人的陈述；（二）书证；（三）物证；（四）视听资料；（五）电子数据；（六）证人证言；（七）鉴定意见；（八）勘验笔录。证据必须查证属实，才能作为认定事实的根据。”《中华人民共和国行政诉讼法》第三十三条："证据包括：（一）书证；（二）物证；（三）视听资料；（四）电子数据；（五）证人证言；（六）当事人的陈述；（七）鉴定意见；（八）勘验笔录、现场笔录。以上证据经法庭审查属实，才能作为认定案件事实的根据。"

2. 诉讼证据的特征

《最高人民法院关于适用〈中华人民共和国刑事诉讼法〉的解释》（法释〔2012〕21 号）第一百零四条："对证据的真实性，应当综合全案证据进行审查。对证据的证明力，应当根据具体情况，从证据与待证事实的关联程度、证据之间的联系等方面进行审查判断。证据之间具有内在联系，共同指向同一待证事实，不存在无法排除的矛盾和无法解释的疑问的，才能作为定案的根据。"《最高人民法院关于适用〈中华人民共和国民事诉讼法〉的解释》（法释〔2015〕5 号）第一百零四条："人民法院应当组织当事人围绕证据的真实性、合法性以及与待证事实的关联性进行质证，并针对证据有无证明力和证明力大小进行说明和辩论。能够反映案件真实情况、与待证事实相关联、来源和形式符合法律规定的证据，应当作为认定案件事实的根据。"

根据上述规定，诉讼证据与一般意义的证据不同，其本质特征表现在三个方面：

（1）证据的客观性。

证据的客观性，是指证据所陈述的情况必须是客观存在的，不是主观臆想的。证据本身是用来证明案件真实情况的，所以，证据本身是客观存在的，如果证据本身不是客观存在的事实，就不可能由它来证明案件的真实情况。因此，客观性是证据最基本的因素和特征。

（2）证据的关联性。

证据的关联性，是指证据必须同案件存在某种联系，并对证明案件有实际意义。与案件无关的事实，不能成为证据。证据是用来证明案件的，它之所以能起证明作用，就是由于它与案件事实存在某种联系；如果同案件没有联系，即使是客观存在的事实，也不能成为诉讼证据。因此，证据不仅是客观存在的事实，而且必须是与案件事实存在某种联系的事实。

证明力：证据的证明力是指证据对案件事实的证明价值和功能。

（3）证据的合法性。

证据的合法性，是指只有经过办案人员依法收集、认定的事实，才能成为证据。也就是说，证据必须具有法律规定的形式且必须经法定程序收集和认定。合法性是使具有客观性和关联性的事实成为诉讼证据的法律保障。

正确认识和理解证据的本质特征，为在司法鉴定活动中正确地运用证据查明案件事实，指明了方向和途径。

（二）鉴定材料的特征

《通则》第十二条："委托人委托鉴定的，应当向司法鉴定机构提供真实、完整、充分的鉴定材料，并对鉴定材料的真实性、合法性负责。"鉴定材料实质上就是证据，因此，司法鉴定对鉴定材料的质量有严格要求。

根据上述规定，鉴定材料的特征表现在四个方面：

1. 鉴定材料的真实性

鉴定材料的真实性，是对鉴定材料质量上的规范性的要求，是指鉴定材料所反映的情况必须是客观存在的，不是主观臆想的。由于鉴定材料本身是用来证明案件真实情况的，故它必须是客观存在的，如果鉴定材料本身不是客观存在的事实，就不可能由它来证明案件真实情况。例如，证人证言必须是证人本人提供的，或病史材料必须是医院或者医务人员本人提供的，且证人证言所反映的事件是真实的，或病史材料所反映的病情是真实的。否则必须舍弃。

2. 鉴定材料的完整性

鉴定材料的完整性，是指对于支持和不支持初步形成鉴定意见的鉴定材料都应当提供。在司法鉴定活动中，既需要对当事人有利的鉴定材料，也需要对当事人不利的鉴定材料。

3. 鉴定材料的充分性

鉴定材料的充分性，是对鉴定材料数量上能否满足鉴定需要的规范性的要求。在司法鉴定活动中，一是要求证明同一事实的证据不止一个，需要数个证据加以证明，且所有证明同一事实的证据能够形成一条证据链；二是要求证据与证据之间、证据与鉴定案件事实之间不存在矛盾或者矛盾得以合理排除。

4. 鉴定材料的合法性

鉴定材料的合法性，是指鉴定材料必须是依法收集、认定的事实，才能成为证据，也就是说，鉴定材料必须具有法律规定的形式以及必须经法定程序收集和认定。

因此，办案机关在诉讼过程中委托鉴定时提供的涉及鉴定事项的案件材料、行政机关在行政执法和查办案件过程中委托鉴定时提供的涉及鉴定事项的案件材料等必须是依照法定程序收集、提取和认定的；个人委托鉴定时提供的涉及鉴定事项的鉴定材料必须是合法取得的。

鉴定材料的真实性、完整性、充分性、合法性四个基本特征，实际上就是审查验证鉴定材料的基本标准。掌握了这四个基本特征，判明整个鉴定案件事实真相就有了可靠基础，否则，就会一错百错。

项目二

审查验证鉴定材料的逻辑方法

对鉴定材料的审查验证也就是对鉴定事实的审查验证，是在接受委托的基础上，对委托人提供的与鉴定事项有关的材料进行核对。从逻辑来看，也就是验证受理鉴定的客观依据是否真实的问题。

鉴定材料是司法鉴定的基础。受理后，首先接触的是案卷。因此，只有对案卷材料进行认真细致的审阅，并将物证、书证、证言等鉴定材料进行必要的梳理、筛选，才能了解并把握鉴定材料的内在联系，进而分析鉴定案件的内部矛盾，把握鉴定案件事实的基本脉络，并从中理出眉目。只有在此基础上，才能实施司法鉴定。

在司法鉴定实践中，审查验证鉴定材料的逻辑方法可分为分析与综合两种。

一、分析

分析是在全面汇集鉴定材料的基础上，对鉴定材料逐部分加以考察的逻辑方法。

（一）分析要重点掌握的情况

（1）鉴定案件发生的基本情况。主要包括案件如何发生的，主要证据如何，鉴定材料与鉴定事实之间是否存在合理的因果联系等。通过研究鉴定材料，分析哪些情节清楚，哪些还不清楚，拟定出应该查明的问题。

（2）鉴定材料情况。主要包括证据材料和案件的其他材料。这些证据和案件的其他材料是如何获得的，判断其可靠程度。办案机关委托的，着重了解是否为办案机关通过法定程序收集提供的，以及是否为原件（物）。个人委托的，着重了解是否为委托人自己所持有而提供的，以及是否为原件（物）。核心是把握鉴定材料的来源。

（3）研究已收集的证据材料和案件的其他材料。弄清哪些事实、情节有证据证实，与鉴定事实具有内在联系；哪些没有证据证实；哪些证据材料之间还有疑点、矛盾。为确定采取什么样的方法排除疑点或矛盾而提供依据。

总而言之，通过全面熟悉和研究鉴定材料，做到对鉴定案件心中有数。这个“数”越大，司法鉴定活动成功的概率就越高，反之越小。心中有数，实际上就是思维的精确性问题。

（二）分析的方法

通过对鉴定材料的分析，从中找出与鉴定事项有关的因果联系，确保鉴定材料满足成为受理鉴定的必备条件。这是审查验证鉴定材料的关键阶段，它决定了审查验证鉴定材料的质量。而鉴定材料具有真实性、完整性及充分性，故对鉴定材料的分析方法就表现为以下三种：

（1）鉴别分析。即鉴别鉴定材料的真实性是否可靠。委托人所收集到的材料的来源具有复杂性，真伪并存，例如有些鉴定材料存在添加、涂改情况，不具有真实性。因此，鉴别分析的目的，就是要鉴别材料的真伪，去伪存真、去粗取精。

收集鉴定材料的过程本身就是一个逐步排除模糊性的过程，是一个不断鉴别的过程。当模糊性得以排除，鉴定意见形成且具有充分的依据时，收集鉴定材料的过程即可宣告结束。

（2）关联分析。即分析材料与鉴定事实之间的关联程度。司法鉴定需要的是与鉴定事项相联系的证据材料，例如病史材料不完整、不充分、不能反映病情变化的全过程等，因此，关联分析的目的，就是要排除与鉴定事项没有联系或者无关的鉴定材料。

通过关联分析，确定哪些鉴定材料与鉴定事项有必然性联系，哪些有偶然性联系，这两种联系对明确鉴定事项的作用是不一样的。

必然性联系的材料反映鉴定事项之间的内在的、本质的联系，它决定了鉴定事项发生的原因，也决定了鉴定事项发生必然带来的结果。对鉴定材料作是否有必然性联系的分析，也就是分析所提供的材料是否与鉴定事项某方面的事实有因果联系。

偶然性联系的材料反映的大多是鉴定事项之间表面的、形式的联系，对于已发生的鉴定事项往往不起作用，因而可以对其中一些材料视情况进行舍弃。

（3）矛盾分析。即分析材料之间是否存在矛盾或差异，若存在矛盾或差异，必须查清真相，消除材料之间的矛盾。不同来源的材料由于各种原因，在针对某一鉴定事项提供的各种材料之间，有可能会存在着一定的矛盾和差异，例如，有些鉴定材料相互矛盾、不能互相印证等；在损伤程度司法鉴定中，有些当事人为了达到能够获得特定鉴定意见的目的，通过关系找医务人员私下开具伤情证明，并以此作为鉴定材料提供给司法鉴定机构。这就说明有些鉴定材料是虚假的或不完整的。不矛盾逻辑规律告诉我们，两者不可能都真，必有一假。因此，矛盾分析的目的，就是从材料之间的逻辑关系的分析中发现矛盾，进而弄清事实真相，消除矛盾。

二、综合

综合是在思维中把各个部分的材料结合成一个整体加以考察的逻辑方法。综合与分析是两个方向相反的思维过程。这两个过程是统一的，有分析就有综合，要综合就得分析。

在对鉴定材料的分析中，特别是通过对各鉴定材料的关联分析，鉴定人已经比较清楚地认识到了引起鉴定案件的基础或本质的情况，但对于全部鉴定材料的把握还是零散的、局部的，还没有对整个鉴定案件的性质和实际发生过程的事实形成一个统一的认识，所以就需要通过综合的方法来将整个鉴定案件的事实材料联系起来，进行综合考察，提出审查验证鉴定材料的意见。综合的结果有二：

（1）对于鉴定材料不完整、不充分，不能满足鉴定需要的，要求委托人补充齐全。

（2）作出受理鉴定委托或者不予受理鉴定委托的决定。作出受理鉴定委托的，与委托人签订司法鉴定委托书，告知其鉴定风险及委托鉴定的权利和义务；不予受理鉴定委托的，出具不予受理鉴定委托书，退还鉴定材料。

项目二

受理鉴定的逻辑特征

《司法鉴定程序通则》第十四条、第十六条："司法鉴定机构应当对委托鉴定事项、鉴定材料等进行审查。对属于本机构司法鉴定业务范围，鉴定用途合法，提供的鉴定材料能够满足鉴定需要的，应当受理。""对于鉴定材料不完整、不充分，不能满足鉴定需要的，司法鉴定机构可以要求委托人补充；经补充后能够满足鉴定需要的，应当受理。""司法鉴定机构决定受理鉴定委托的，应当与委托人签订司法鉴定委托书。"这是对受理鉴定的规范性条件要求。

规范条件推理就是根据规范所涉及的行为之间的条件或目的手段关系进行的推理。它主要有三种：必须条件推理（汉语表述为"应当"）、禁止条件推理（汉语表述为"不得"）和允许条件推理（汉语表述为"可以"）。

从逻辑角度分析，正确的、符合逻辑的判断必须符合充足理由律的要求，也就是说，受理鉴定必须要有充足的根据。司法鉴定机构作出决定受理委托的鉴定并与委托人签订司法鉴定委托书的行为，就等于作出了三个规范条件推理，即：一是断定了委托人委托鉴定的事项属于受理鉴定机构的司法鉴定业务范围；二是断定了委托人委托鉴定的用途合法；三是断定了委托人提供涉及委托鉴定事项的鉴定材料完整、充分，能满足鉴定需要。同样，司法鉴定机构作出不予受理鉴定委托的决定，也就等于作出了三个规范条件推理，即：一是断定了委托人委托鉴定的事项不属于受理鉴定机构的司法鉴定业务范围；二是断定了委托人委托鉴定的用途不合法；三是断定了委托人提供涉及委托鉴定事项的鉴定材料不完整、不充分，不能满足鉴定需要。

一、受理委托鉴定必须具备的条件

受理任何一起司法鉴定案件，都必须具备三个条件：

（1）委托的鉴定必须具有明确的鉴定事项，即受理鉴定的事实依据。受理司法鉴定首先要对鉴定的事项作出判断，即有没有委托鉴定的事项存在，这是对鉴定案件本身的认识。这就是受理鉴定的事实依据。

（2）委托的鉴定必须具有与鉴定事项有关的鉴定材料，即受理鉴定的证据依据。受理司法鉴定要对鉴定事项与鉴定材料之间的关联性作出判断，即鉴定材料能否反映鉴定事项的发生、发展及其变化的连续过程，能否满足司法鉴定活动的需要。这就是受理鉴定的证据依据。

（3）受理委托鉴定的主体必须具有法定的鉴定资质，即受理鉴定主体的合法性依据。受理司法鉴定要对受理委托鉴定主体的法定资质作出判断，即受理委托鉴定的机构是否经登记机关核准登记，委托鉴定的事项是否属于登记机关核准的司法鉴定业务范围。这就是受理鉴定主体的合法性依据。

二、正确分析鉴定规章规范的结构

（一）准确理解鉴定规章规范的含义

鉴定材料经鉴定人员核对事实予以验证，只是受理鉴定的一个方面，这时还不能够成为受理鉴定的充分根据。要决定是否受理鉴定，还必须将确认的鉴定事项与有关的鉴定规章规范加以比照，看是否符合法定的受理条件。因此一个鉴定事项能否受理，最后取决于这种鉴定规章规范比照的结果。

本来，就鉴定规章规范本身的内容而言，无所谓真假，但是规章条款本身和规章条款的援用，两者不是一回事。因为，后者涉及援用者（在受理环节就是接受鉴定委托的工作人员）对被援用的规章条款的理解问题，因此，在援用规章条款时，就已掺入了援用者的理解成分，尽管在一般情况下，两者是一致的，但毕竟规章条款本身和援用者所理解的规章条款是有区别的。

例如，《通则》第十四条第二款“对于鉴定材料不完整、不充分，不能满足鉴定需要的，司法鉴定机构可以要求委托人补充；经补充后能够满足鉴定需要的，应当受理”，如果照此读出，就没有掺入念者的任何理解成分。在这种情况下，被读的这项规章条款就属于法律语言。

但在司法鉴定活动中，也包括在受理鉴定环节比照规章条款时，情况就不同了。对于“鉴定材料是否完整、是否充分，是否满足鉴定需要”，完全取决于鉴定机构接案人员的主观判断。在实际鉴定活动中，具备“完整”条件的鉴定材料，既包括对当事人有利的鉴定材料，也包括对当事人不利的鉴定材料；具备“充分”条件的鉴定材料，在数量上对证明同一事实，需要有数个证据加以证明，在质量上要求证据与证据之间、证据与鉴定案件事实之间不存在矛盾。如果认为只要提供了鉴定材料就视为“完整”，鉴定材料中只要有证明同一事实的证据，而不管证据与证据之间、证据与鉴定案件事实之间是否存在矛盾就视为“充分”，继而视为“满足鉴定需要”，显然，这样的理解并不符合《通则》第十四条第二款的原意。

（二）正确把握鉴定规章规范的结构

我们知道，一个规章规范由三个部分组成，即假定部分、处理部分、制裁部分。

（1）假定部分。就是规章规范中指出的适用该规范的条件或情况的那一部分，包括该规范承受者应具备的特征及要求作出或不作出某种行为所必须具备的条件。例如，《通则》第十四条

“司法鉴定机构应当对委托鉴定事项、鉴定材料等进行审查。对属于本机构司法鉴定业务范围，鉴定用途合法，提供的鉴定材料能够满足鉴定需要的，应当受理”。

其中“对属于本机构司法鉴定业务范围，鉴定用途合法，提供的鉴定材料能够满足鉴定需要的”就是该规范的“假定”部分。至于如何认定“提供的鉴定材料能够满足鉴定需要”的问题，完全取决于鉴定人的经验判断。

（2）处理部分。就是规章规范命令作出或允许作出或禁止作出什么样行为的部分，例如，上述条款中的“应当受理”部分就是这一条款的“处理”部分。因此，对于鉴定委托，司法鉴定机构应当及时接受，不得拒绝和推诿。

（3）制裁部分。就是规章规范中规定的违反该规范将要承担的法律后果的那一部分，例如，《通则》第二十二条第二款“司法鉴定机构和司法鉴定人在鉴定过程中应当严格依照技术规范保管和使用鉴定材料，因严重不负责任造成鉴定材料损毁、遗失的，应当依法承担责任”就是该规范的“制裁”部分。

单元二

实施鉴定的逻辑特征

项目一

实施鉴定概述

实施鉴定，是指司法鉴定人针对鉴定对象所进行的检验、鉴别和判断等一系列具体的司法鉴定活动。

实施鉴定是司法鉴定活动的第二个环节，是确保鉴定质量的关键，是完成委托的鉴定事项和出具司法鉴定意见书的保障。原因在于：

（1）鉴定事项是通过实施鉴定来完成的，离开了实施鉴定环节，则无法完成鉴定事项。

（2）司法鉴定意见书是对诉讼涉及的案件事实进行分析、鉴别和判断后，出具的记录、反映司法鉴定过程和结果的书面载体，离开了实施鉴定环节，就无法出具司法鉴定意见书。

按照委托鉴定的时间和所在诉讼程序的不同阶段，司法鉴定可分为初次鉴定、补充鉴定和重新鉴定。

一、实施鉴定的特定内容

根据《决定》，司法鉴定项目包括了法医病理鉴定、法医临床鉴定、法医精神病鉴定、法医物证鉴定和法医毒物鉴定，文书鉴定、痕迹鉴定和微量鉴定，声像资料鉴定九类。但在司法鉴定实践中，涉及鉴定意见所确定的事实与案件中的关系，可以归纳为：认定同一鉴定、种属鉴定、事实真假鉴定、事实有无鉴定、事实程度鉴定和事实原因鉴定六种特定的鉴定内容。

（一）认定同一鉴定

同一鉴定，是指鉴定人运用必要的科学技术手段，来确定受审查客体与被寻找客体是否为同一人或同一物而形成的一种判断。

司法鉴定活动中，常常会遇到如何区别同一、相同或相似的问题。同一认定中的“同一”是指客体自身与自身的等同，即两者特征都是同一客体的反映，指的是一个物体，而非两个物体。一个物体可以和许多其他物体相同或相似，但绝对不会与其他任何物体同一。“相同”或“相似”其实是指一个客体与其他客体在种类特征或部分细节特征上的雷同。倘若将相同或相似视为“同一”，那么极可能会出现鉴定意见错误，甚至导致冤假错案。

同一鉴定的目的，就是要通过对被鉴定客体的检验、鉴别，确定被鉴定客体是否为同一个客体，或者说就是要通过对被鉴定客体的检验、鉴别，确定其是否来源于同一个客体。例如，撕碎的纸片是否与破损的账页同一。根据被鉴定客体的各种物质反映形象之所以能够科学地解决被同一鉴定客体是否同一的问题，其根本原因在于，物质世界的客体具有特定性、相对稳定性、物质反映性和可识别性。

实践中常见的同一鉴定包括：①认定人的同一鉴定，即通过认定同一鉴定方法肯定或否定诉讼活动中所要证实的具体人为某一人。目前适用于认定人的同一鉴定有手印鉴定、赤脚鉴定、人像鉴定、牙印鉴定、笔迹鉴定、声纹鉴定和 DNA 鉴定七种。②物的同一鉴定，即以案件中需要确定的具体物体、物品为对象，通过物的比较检验，证明被鉴定的物与案件具有某种联系。例如，在涉枪案件现场提取了射击弹壳，经与犯罪嫌疑人所持手枪射击弹壳样本鉴定，就可以得出犯罪嫌疑人所持手枪与作案用枪是否同一的结论。

目前适用于物的同一认定的鉴定有：鞋印鉴定、工具痕迹鉴定、枪弹痕迹鉴定、印文鉴定、断离痕迹鉴定、编织物接触痕迹鉴定、牲畜蹄爪痕迹鉴定七种。

（二）种属鉴定

种属鉴定，是指具有专门知识的人运用专门技术方法对客体的种类属性是否相同作出判断的一种鉴定活动。因此，种属鉴定的对象是同一鉴定对象之外的其他可能具有物证意义的客体。

种属鉴定结果只表明检材与样本种类属性是否相同，或单独确定受检客体的种属范围，不能确定检材与样本出自同客体事物。例如人的血型鉴定就是一种典型的种属鉴定，它只能确定某人为何种血型，而不能认定人的同一。

实践中常见的种属鉴定包括：①鉴定某种物质为何物。例如，对于服毒自杀的犯罪嫌疑人，应鉴定其为何毒物致死。②鉴定两种物质的种类属性是否相同。这两种物质既可以都是检材，也可以一个是检材，一个是样本。司法鉴定中的痕迹、文书鉴定，多数是在检材和样本之间进行。例如，犯罪嫌疑人所用钢笔内的墨水与被涂改账目所使用的钢笔的墨水是否成分一致。③鉴定被比较物质的本源是否相同。常见的鉴定对象有毒物、墨迹、印泥、油漆、尘土、金属屑末、纤维、粘胶物质、爆炸物等。

（三）事实真假鉴定

事实真假鉴定的目的在于确定案件中有怀疑的事实的真假问题。例如，对可疑货币、证件、票据、印章印文鉴定，诈伤、诈病鉴定等。

（四）事实有无鉴定

事实有无鉴定包括显示事实、恢复事实的鉴定。例如，对刮擦、消退、掩盖、添写、密写、损毁文书的鉴定等。其任务在于显示事实、恢复事实，目的是通过鉴定案件中所反映的某种现象，确定是否存在某种事实，即确定事实的有无。

（五）事实程度鉴定

事实程度鉴定是通过对鉴定案件中需要查明事实的危害程度或行为人责任能力、行为能力的大小等进行分析评断，是司法鉴定中一种常见的鉴定类型。例如，对人身损伤程度鉴定、道路交通事故受伤人员伤残程度评定、职工工伤与职业病致残程度评定、劳动能力评定、性功能鉴定、医疗纠纷鉴定以及法医精神病类的法定能力（刑事责任能力、受审能力、服刑能力、民事行为能力、监护能力、被害人自我防卫能力、作证能力等）鉴定等，都属于事实程度的司法鉴定。

（六）事实原因鉴定

事实原因鉴定是利用专门知识和检验手段，对案件中某种事实造成的结果或对引起某种事实发生的原因进行分析评断，这也是司法鉴定中一种常见的鉴定类型。例如，死亡原因鉴定、爆炸原因鉴定和起火事故原因鉴定等。

二、实施鉴定的条件

（一）鉴定主体的条件

实施鉴定的主体是指运用科学技术或者专门知识对诉讼涉及的专门性问题进行鉴别和判断并提出鉴定意见的人员。在鉴定实施前，首先要确定鉴定人。实践中，通常是以鉴定机构指定或者选择为主，如委托人有特殊要求的，经双方协商一致，也可以从本机构中选择符合条件的司法鉴定人进行鉴定。实施鉴定的主体必须具备两个条件：

（1）必须具有鉴定执业资格，即实施鉴定的主体必须为经省级司法行政机关核准登记，取得《司法鉴定人执业证》的司法鉴定人员。

（2）鉴定事项必须属于核准的执业范围，即实施的鉴定事项必须属于《司法鉴定人执业证》核准的执业范围。

鉴定人之所以必须具有从事相应鉴定活动的资格，是因为当需要对某事项委托鉴定时，往往无法具体了解某人是否具备解决有关问题的能力，这就需要经省级司法行政机关核准登记，取得

《司法鉴定人执业证》。司法鉴定人的执业资格是鉴定委托的一个标志和身份证明，可以接受指派或聘请实施鉴定活动，并独立提出鉴定意见。

（二）鉴定人数及资质条件

（1）司法鉴定机构对同一鉴定事项，应当指定或者选择两名司法鉴定人进行鉴定。

对同一鉴定事项，指定或者选择两名司法鉴定人进行鉴定，一是有助于防止鉴定过程中同一人从头至尾作鉴定可能出现的弊端，弥补一个人的知识、能力和经验的不足；二是有利于互相监督，防止出现失误。

（2）对复杂、疑难或者特殊鉴定事项，可以指定或者选择多名司法鉴定人进行鉴定。

在诉讼活动中，有时会遇到特别疑难、复杂的问题，为了使鉴定意见能够更加客观、公正、完整，需要数名鉴定人同时对该问题共同进行鉴定。

（3）进行重新鉴定的司法鉴定人中应当至少有一名具有相关专业高级技术职称。

重新鉴定多是由对原鉴定有某种争议引起的，其中相当多的争议是由于被鉴定问题技术难度高而导致鉴定意见不被当事人或委托方接受，或者几个鉴定机构鉴定意见不一致而产生的。因此，从鉴定条件和技术要求而言，规定司法鉴定人中至少有一名具有相关专业高级技术职称是必要的，如此才能有效解决鉴定争议。

（三）鉴定的物质条件

司法鉴定是一种科学技术活动，因而实施鉴定必须具备赖以解决专门性问题所必需的物质条件。

鉴定的物质条件是指满足鉴定所需的实验室和鉴定器材条件。实验室条件在司法鉴定机构成立时尤其要规范化，并要不断更新和充实，以适应不断拓宽的司法鉴定领域和不断增加的鉴定对象的需求。

鉴定器材包括各种仪器、设备、工具、辅助材料等。有许多专门性问题是运用专门技术去解决的，而专门的方法往往离不开专门的仪器设备，鉴定所需的仪器设备要性能良好，能够满足鉴定活动的要求。

三、实施鉴定的规范要求

（一）对鉴定过程进行实时记录并签名

实时记录是指鉴定人运用文字、录音、录像、拍照等方式，在对被鉴定事项进行鉴定时所作的记录，是鉴定方法、鉴定过程、鉴定结果的客观记载。

实时记录必须保持自身的真实、客观、准确、完整、清晰，以提供鉴定活动的客观证据并确保鉴定结果的可追溯性。不允许涂改、擦改或者事后追记，严禁虚假伪造。

（二）三种特定对象的鉴定程序

（1）通知指定人员到场见证的鉴定案件对无民事行为能力人或者限制民事行为能力人进行身体检查、对被鉴定人进行法医精神病鉴定、对尸体进行解剖等活动时，应当通知指定的人员到场见证。见证是指经司法鉴定机构指定的见证人到场对有关的鉴定行为进行观察和监督，并对该行为予以作证的一种措施。

（2）到场见证人员范围：一是鉴定委托人，二是被鉴定对象的近亲属，三是被鉴定对象的监护人。

（3）通知见证人员到场的方式。通知三种特定对象的见证人员到场的方式，既不可以电话的形式通知，也不可以口头的形式通知，必须分别制作书面的“人身检查委托人到场通知书”“精神病鉴定委托人到场通知书”“解剖尸体委托人到场通知书”并将其送达，这样才能做到有书面证据可查。

（4）制作鉴定记录。对身体检查、精神病鉴定、尸体解剖等对鉴定的最终结果具有决定性意义的鉴定行为，必须制作形成书面的记录材料。因此，在实施身体检查、精神病鉴定、尸体解剖等工作完成后，通过拍摄鉴定现场照片、制作反映和固定鉴定方法、鉴定过程和鉴定结果的“身体检查工作记录”“法医精神病鉴定工作记录”“尸体解剖工作记录”，形成证明鉴定行为合法性的书面材料，由见证人在鉴定工作记录上签名，作为出具司法鉴定意见书的证据依据。

鉴定记录与司法鉴定意见书的关系：鉴定记录是出具司法鉴定意见书的基础和依据，司法鉴定意见书是在鉴定记录的基础上制作形成的。离开了鉴定记录，则无法出具司法鉴定意见书，鉴定记录的真实性，决定了鉴定意见的有效性；司法鉴定意见书是确认鉴定方法、鉴定过程、鉴定结果的一种书面证据载体，其中对概念的表述必须与鉴定记录同一。离开了司法鉴定意见书这一证据载体，就无法体现鉴定方法、鉴定过程及鉴定结果。

项目二

实施鉴定的逻辑特征

实施鉴定过程中，鉴定人员不仅要根据鉴定事项的需要，有针对性地严格遵守和采用统一的技术规范和技术方法，确保鉴定过程规范，还必须掌握正确的思维方式，通过精细的观察，从大量复杂的现象中抓住关键性特征，直接揭示事物内在的联系和实质；通过准确的分析对观察结果形成判断，通过全面的综合对判断形成推理来突破鉴定中的难点。因此，观察、分析与综合构成了实施鉴定活动的逻辑特征。

鉴定案件实例

人体伤残等级鉴定案

2013年××月××日，张××驾驶一辆两轮轻便摩托车行驶至G325线××市××镇鹤山大道赤坎路口路段时与一辆重型自卸货车发生碰撞，造成张××受伤，伤后经××市中医院、××市中医院及××市人民医院诊治。2016年×月××日，××市人民法院委托×××××司法鉴定所，对张××损伤进行伤残程度鉴定。

一、检案摘要。病历摘要。1. ××市中医院关于张××病历资料（住院号：1000170748）记载：患者因“车祸致左大腿疼痛、活动受限1+小时”于2013年××月××日入院，专科检查：左下肢较右下肢缩短约2.0cm，左大腿肿胀，无伤口，压痛

（+），纵轴叩击痛（+），左下肢牵拉可及骨擦感，左大腿屈伸、外展、内收、旋转活动受限，左下肢血运、感觉良好。入院完善检查，于2013年××月××日行闭合复位钢板螺钉内固定术，术后予抗感染、营养等治疗，复查X线片示：左股骨中段骨折对位对线良好。于2013年××月×日出院，出院诊断：左股骨中段骨折，多发软组织挫伤。2. ××市中医院关于张××病历资料（住院号：546952）记载：患者因"车祸致伤左大腿肿痛、活动受限术后2年"于2015年×月×日入院，检查示：左股骨骨折术后骨不连。查体：左大腿无肿胀，大腿外侧见手术疤痕，局部可及异常活动，髋、膝关节活动稍受限，足背动脉搏动可及，趾动、血运、感觉正常。入院后完善相关检查，于2015年×月×日行切开内固定取出+骨折重新复位内固定术+同侧髂骨取骨植骨术，术中见：折端大量疤痕组织及骨痂形成，骨折端仍见骨折线，折端向外成角，折端骨质硬化，髓腔狭窄。术后予抗感染、补液及对症治疗，于2015年×月××日出院，出院诊断：左股骨骨折术后骨不连。3. 2016年×月××日××市人民医院张××骨密度检查报告单摘要：检查意见：1~4腰椎平均骨密度减少，建议定期复查；右侧髋关节平均骨密度正常，未见骨质疏松，建议定期复查。

二、检验过程。检验所见。1. 法医学活体检查：被鉴定人张××，左下肢跛行入室就检，神志清楚，一般情况可，病史自述，对答切题，检查合作。头颅五官无畸形，双侧眼睑闭合正常，双侧瞳孔等大等圆，对光反射灵敏；胸廓对称无畸形，脊柱生理弯曲存在。左侧髂部见一长9.8cm斜行手术瘢痕，左髋关节外侧见三处手术瘢痕，长度分别为：4.5cm、1.1cm、1.0cm；左大腿中段前侧见一长13.0cm纵行手术瘢痕；左大腿下段外侧见二处皮肤瘢痕，大小分别为：1.5cm×0.3cm、1.5cm×0.5cm；右小腿下段前侧见一1.2cm×0.4cm皮肤瘢痕。左侧髋、膝关节活动功能稍受限，双下肢未见明显长度差异。双上肢及右下肢各大关节活动功能正常，四肢肌力、肌张力正常；生理反射存在，病理反射未引出。余检未见其他明显异常。2. 阅片所见。2013年××月××日××市中医院张××X线片（片号：66924）示：左侧股骨中段骨折，断端嵌插错位。2013年××月××日××市中医院张××X线片（片号：137968）示：左侧股骨中段骨折内固定术后，内固定在位无松脱断裂，内固定位置良好，骨折端对位对线良好。2015年×月×日××市中医院张××X线片（片号：1541063）示：左侧股骨中段骨折内固定术后骨不连，内固定位置良好，骨折断端间隙清晰，周围见骨痂生长，骨折端边缘硬化，骨断端间无骨小梁形成。2015年×月×日××市中医院张××CT片（片号：2848367）示：左侧股骨中段骨折内固定术后骨不连，骨折断端间隙清晰，周围见骨痂生长，骨折端边缘硬化，骨断端间无骨小梁形成。2016年××月××日××市中医院张××X线片（片号：1604180634）示：左侧股骨骨折内固定术后骨不连切开内固定取出+骨折重新复位内固定术+同侧髂骨取骨植骨术后，断端对位对线良好，断端见骨痂生长，骨折线较模糊。

三、分析说明：1. 委托人提供的病历材料及放射片是由××市中医院、××市中医院及××市人民医院出具，经审查分析认为该鉴定材料与被鉴定人损伤情况相符，能客观、真实反映被鉴定人的损伤情况，合乎逻辑和规律，其形成过程科学、合乎程序，能满足鉴定需要。2. 根据病历记录及检验所见，被鉴定人张××于2013年××月××日因外伤入院治疗，经阅其X线片见：左侧股骨中段骨折，断端嵌插错位。并经医院诊断为：左股骨中段骨折、多发软组织挫伤，结合其入院查体所见及各项相关辅助检查分析，上述损伤诊断成立。3.《临床法医学》关于骨折不愈合的记载：骨折经过治疗超过一般愈合时间，并经再度延长治疗时间，仍未达到骨性愈合的，称为骨折不愈合。通常指骨折8个月后骨折两端未能达到骨性连接，修复过程完全停止者。骨折不愈合的X线表现为骨折端骨痂少，断端分离，仍有间隙，骨折端硬化，骨折端光滑清晰，骨髓腔被致密硬化骨质封闭，骨断端间无骨小梁形成，两断端骨质疏松，断端萎缩光滑。不同情形的骨折，即使同一部位，愈合时间可有较大差别，因此，确定骨折是延迟愈合或不愈合，主要依据临床表现和影像学检查，时间仅作参考。骨折不愈合受多种因素影响，包括复位不良、固定不佳、局部供血不足、营养代谢障碍、软组织嵌入断端间和并发感染等。根据病历记录及检验所见，被鉴定人张××2013年××月××日因交通事故致左股骨中段骨折，入院后行闭合复位钢板螺钉内固定术等相关治疗，经治疗近两年后，2015年×月×日X线片及2015年×月×日CT片显示：左侧股骨中段骨折断端间隙清晰，周围见骨痂生长，骨折端边缘硬化，骨断端间无骨小梁形成。并经医院诊断为左股骨骨折术后骨不连，并再次入院治疗，入院查体见左大腿局部可及异常活动，并行切开内固定取出+骨折重新复位内固定术+同侧髂骨取骨植骨术等治疗，术中见：折端大量疤痕组织及骨痂形成，骨折端仍见骨折线，折端向外成角，折端骨质硬化，髓腔狭窄。综上所述，被鉴定人张××因交通事故致左股骨中段骨折，术后并发骨不连诊断明确，经复阅其内固定术后X线片见骨折复位及内固定位置良好，故被鉴定人因外源性因素（复位不良、固定不佳、感染等）致骨不连可能性甚微，可认定其左股骨骨折术后骨不连是因本次交通事故致左股骨骨折，术后局部供血不足、营养代谢障碍等所致，与本次交通事故存在直接因果关系，建议参与度为91%～100%。4. 根据病历记录及检验所见，被鉴定人张××因交通事故致左股骨中段骨折，术后并发骨不连，依据中华人民共和国国家标准GB18667—2002《道路交通事故受伤人员伤残评定》附则5.1“遇有本标准以外的伤残程度者，可根据伤残的实际情况，比照本标准中最相似等级的伤残内容和附录A的规定，确定其相当的伤残等级”，并参照粤鉴协〔2014〕12号《道标有关颅脑、脊髓及周围神经损伤与肢体功能丧失程度评残条文的理解与规定》3.2.1.2“四肢长骨（除腓骨外）骨折不愈合或骨折并发慢性骨髓炎不愈合1年以上”之规定，被鉴定人张××左下肢损伤及后遗症构成Ⅷ级伤残（八级伤残）。

四、鉴定意见：被鉴定人张××的伤残等级属Ⅷ级伤残（八级伤残）。

逻辑分析

（1）文中所述“被鉴定人张××，左下肢跛行入室就检，神志清楚，一般情况可，病史自述，对答切题，检查合作。头颅五官无畸形，双侧眼睑闭合正常，双侧瞳孔等大等圆，对光反射灵敏；胸廓对称无畸形，脊柱生理弯曲存在。……左侧髋、膝关节活动功能稍受限，双下肢未见明显长度差异。双上肢及右下肢各大关节活动功能正常，四肢肌力、肌张力正常；生理反射存在，病理反射未引出”等损伤事实情况，这是法医通过观察而得到的认识。

（2）文中叙述：“根据病历记录及检验所见，被鉴定人张××于2013年××月××日因外伤入院治疗，经阅其X线片见：左侧股骨中段骨折，断端嵌插错位。并经医院诊断为：左股骨中段骨折、多发软组织挫伤，结合其入院查体所见及各项相关辅助检查分析，上述损伤诊断成立。”上述对被鉴定人损伤事实情况的判断，是法医通过分析而形成的。

（3）文中叙述：“被鉴定人张××因交通事故致左股骨中段骨折，术后并发骨不连诊断明确，经复阅其内固定术后X线片见骨折复位及内固定位置良好，故被鉴定人因外源性因素（复位不良、固定不佳、感染等）致骨不连可能性甚微，可认定其左股骨骨折术后骨不连是因本次交通事故致左股骨骨折，术后局部供血不足、营养代谢障碍等所致，与本次交通事故存在直接因果关系。”上述对被鉴定人损伤原因的推理就是法医通过综合方法而形成的，并据此作出“被鉴定人张××的伤残等级属Ⅷ级伤残（八级伤残）”的鉴定意见。

一、观察

观察是实施鉴定过程中所运用的第一种逻辑方法，是分析、综合的前提和基础，决定了分析、综合的主要内容，没有观察就无法进行分析和综合。

（一）观察的特征

观察是人们认识客观事物最常用的一种方法。所谓观察，就是通过感官去认识处在自然状态下的事物或现象。

鉴定人在诉讼活动中，是根据办案机关的委托而受理实施鉴定的，因此，诉讼活动开始前对鉴定案件的事实情况一无所知。面对不同委托人提供的鉴定材料，以及不同类型的鉴定对象，鉴定人员第一项工作是要接触鉴定材料和鉴定对象。

观察与一般感觉不同，观察是一种有目的、有计划、比较持久的知觉活动，是主动的，而一般感觉则是无目的的、被动的。例如，路过现场的人，看到被害人身上有伤，地上有喷溅血点等，是一般的感觉；而鉴定人员为了研究鉴定事项的性质，查看伤口的部位、深度和广度，以及血点的形状和分布情况，则是观察。

司法鉴定活动中的观察，是鉴定人按照一定的计划，为实现一定的鉴定目的，对鉴定材料或者被鉴定对象进行系统的、全面的观察，从中收集各种现象资料，并进行分析研究的活动。它是一个既包括信息的输入，又包括对原始信息进行初步处理、识别的主动认知的过程。司法鉴定中的检验尸体、法医活体检查、法医精神病检查，以及现场血痕的颜色及形态观察，物证、文件检验等，都是在进行观察，都符合观察的特征。

观察中的思维是鉴定人员在鉴定过程中认识鉴定材料和被鉴定对象的前提，通过感官对鉴定材料和被鉴定对象作出的直接反映，是把鉴定材料和被鉴定对象中所蕴含的信息转化为鉴定人员对鉴定案件事实的认识。

信息，指音讯、消息等。信息既不是具体的事物，也不是某种物质，而是客观事物的一种属性。信息必须依附于某个客观事物（媒体）而存在。同一个信息可以借助不同的信息媒体表现出来，如文字、图形、图像、声音、影视和动画等。

物质是运动变化的，客观变化的事物不断地呈现出各种不同的信息。人们需要对获得的信息进行加工处理，并加以利用。“信息无处不在，信息就在大家身边。”人们是通过感觉器官，时刻感受来自外界信息的。

司法鉴定中的“信息”是指鉴定材料和被鉴定对象中所蕴含的证明鉴定案件事实的内容。例如，物证是以其外部特征来证明案件真实情况的一切物品痕迹；书证是以其表达的思想和记载的内容来证明案件真实情况的物品，包括用文字记载的内容来证明案情的书证、以符号表达思想来证明案情的书证，以及用数字、图画、印章或其他方式表露的内容或意图证明案情的书证。所以，物证和书证所蕴含的信息是可以被鉴定人所感知并且加以利用的，因此，在司法鉴定证明活动中，谁掌握了鉴定材料和被鉴定对象中蕴含的鉴定案件信息，谁就掌握了司法鉴定的主动权。

观察对司法鉴定活动十分重要，鉴定人员要完成鉴定，必须从鉴定材料和被鉴定对象的观察开始，鉴定材料和被鉴定对象是一切证据和线索的主要来源。

（二）观察的对象

观察的对象即鉴定人员观察的东西，司法鉴定活动中观察的对象主要是被鉴定的对象，例如，死亡原因鉴定中观察的对象是死者尸体，人身损伤程度鉴定和法医精神病鉴定中观察的对象是被鉴定人，痕迹鉴定中观察的对象是相关的物证和书证检材与样本材料。上述观察对象都具有暴露性的信息特征，因此，都可以通过鉴定人员的直接观察得到。获得相关信息后，为分析鉴定案情、确定鉴定方向提供事实依据。

例如，鉴定人员进行文书鉴定时，首先要通过感官直接地接触与案件有关的各种检材，这是进行思维活动的出发点。因此，应有目的地善于从各种检材中（涂改的票证、少量字迹、民族文字、伪装字等）发现问题，特别是善于捕捉表面看似微不足道、但实际事关本质的现象，也就是与案件真相有关的能反映作案人书写习惯的本质特征的现象。这是鉴定人员认识检材、熟悉选择运用书写人字迹特征的前提。

鉴定人员通过已有的专门知识和经验对检材进行观察，使与作案人书写时有关的但不明显的现象在自己的视线中突显出来，在大量复杂的文件检材中抓住某些关键性特征，在事物的外表现象中直接揭示事物内在的联系和实质。

（三）观察的内容

观察的内容不同于观察的对象，观察的内容是指从观察的对象中看出什么，看出观察对象的哪些方面。之所以观察是一种有目的的研究活动，就在于它是有目的地去从观察对象中获取观察的内容。

例如，通过对鉴定材料进行认真细致的审阅，并将物证、书证、证言等鉴定材料进行必要的梳理、筛选，鉴定人就能了解并把握鉴定材料的内在联系；在死亡原因鉴定的案件中，通过对死者尸体的观察，法医就能获得“尸体的状况，多处致伤的部位、形状”等事实情况；在人身损伤程度鉴定的案件中，通过对被鉴定人的观察，法医就能获得其“损伤的状况，致伤的部位、形状”等事实情况；在法医精神病鉴定的案件中，通过对被鉴定人的观察，法医就能获得其“精神状态”的事实情况；在笔迹鉴定的案件中，通过对检材与样本的观察，文检人员就能获得“两者之间有明显的区别”的事实情况。

总而言之，观察的目的就是使鉴定人对整个鉴定案件的事实情况有一个较为全面的了解，以自己的经验和概括形成概念。观察的任务就是为鉴定人划定检验鉴定范围和明确检验鉴定的重点部位，以及拟定采用什么样的技术规范和技术方法来实施鉴定提供依据。

一个有经验的、善于观察的鉴定人，能在别人不注意的地方注意到问题，能在别人没有观察到问题的地方观察出问题。在司法鉴定活动中，鉴定人还借助于科学仪器如放大镜、显微镜等，以扩大和加深观察，获得研究对象的定量信息，使观察更加客观、精确。

二、分析与综合

（一）分析

分析是把事物分解为各个部分、侧面、属性，分别加以研究，是认识事物整体的必要阶段。分析是实施鉴定过程中，在通过观察以概括方法形成概念的基础上形成判断所运用的第二种逻辑方法，是确认观察结果的手段，决定了综合的准确性。

通过观察鉴定人对整个鉴定案件的事实情况有一个较为全面的了解后，接下来的工作就是要对所获得的鉴定案件的事实情况，运用鉴定技术规范和技术方法进行分析与综合，在此基础上形成判断、推理。

分析是鉴定人员在鉴定过程中的重要思维方法。法医毒物鉴定中的人体体液中乙醇定性、定量分析，毛发中滥用药物定性、定量分析，毒物、毒品定性、定量分析（体外），常见挥发性毒物分析，常见有机毒物分析，常见无机毒物分析，常见动、植物有毒成分、定量分析等分析鉴定，以及痕迹鉴定中的弹道分析鉴定，都属于鉴定过程中分析所用的思维方法。

例如，鉴定人员在进行文书鉴定时，要通过对各种检材的观察，凭借自己的分析能力，对检材中的字迹进行逐行、逐字、逐点、逐画的分析，然后综合其分析结果，归纳其本质特征和内在联系。在司法鉴定实践中，分析、综合是鉴定人员思维活动的本质和核心，是决定鉴定意见正确与否的重要因素。

分析就是在思维中把鉴定案件分解为各个部分分别加以考察，并分出各个部分属性的逻辑方法。分析的目的不是只把鉴定案件分解为各个部分，而是通过分析发现鉴定案件的特征、本质和现象产生的基础。例如，鉴定人员在文书鉴定过程中，对检材的各个部分、各个因素分门别类进行解剖、研究，从而使自己对被检材料的认识更趋具体、准确、真实。

又如，死亡原因鉴定的案件中，在获得了“尸体的状况，多处致伤的部位、形状”等事实情况的基础上，就要对“形成致伤物的种类、致伤方法，以及致命伤和工具”等的性质进行分析与综合，并形成判断、推理；在人身损伤程度鉴定的案件中，在获得了被鉴定人“损伤的状况，致伤的部位、形状”等事实情况的基础上，就要对“形成致伤物的种类、致伤方法”等的性质进行分析与综合，并形成判断、推理；在法医精神病鉴定的案件中，在获得了被鉴定人“精神状态”事实情况的基础上，就要对被鉴定人“是否患有精神疾病、患何种精神疾病”等的性质进行分析与综合，并形成判断、推理；在笔迹鉴定的案件中，在获得“两者之间有明显区别”事实情况的基础上，就要对“检材与样本之间相区别的特征，以及造成区别的原因”等的性质进行分析与综合，并形成判断、推理。

在案件侦查或法庭调查中，有时会遇到如下问题：尸体身上有多处损伤，其损伤形成的时间先后及每处损伤的间隔有多久？尸体身上有多种凶器致伤，致命伤与非致命伤的先后关系如何？骨折或颅内出血后多久死亡？等等。

上述问题必须通过精确分析，综合地运用探求因果联系的逻辑方法来作出最终的判断。探求现象之间是否存在着因果联系，就需要运用探求因果联系的逻辑方法，分析鉴定材料或进行相应的观察和实验，进而判明现象之间的因果联系。

（二）综合

综合是把事物各个部分、侧面、属性按内在联系有机地统一为整体，以掌握事物的本质和规律。综合是实施鉴定过程中，在通过观察以概括方法形成概念、通过分析形成判断的基础上所运用的第三种逻辑方法，决定了观察结果和分析判断的真实性。

综合是在分析的基础上形成的。综合的基础是事物之中整体与局部的关系，是在分析的基础上，将所获得的对某一个事物的各个方面、各个部分的认识，联系在一起，形成对该事物的更加深刻、完整的认识。

分析与综合是人类认识的重要手段。客观事物，哪怕是单一事物都是一个复杂的整体。要认识客观事物，就必须把它分解为各个部分、因素和方面，然后分别考察这些部分、因素和方面。只有充分认识各个部分，才有可能对整个事物有所认识。但是，仅依靠分析还不能对事物提供完整的知识。要对事物的整体有所认识，还必须借助于综合，因为综合正是把分析过的各个部分或方面结成一个统一体来考察的。分析与综合是互相渗透和转化的，在分析基础上综合，在综合指导下分析。分析与综合，循环往复，推动认识的深化和发展。

分析与综合的方法对鉴定人员特别重要。要认定或者否定鉴定事项时，首先必须分析鉴定事项的各个特征，然后把这些特征综合起来，才能得出正确的结论。例如，在文书鉴定中，鉴定人员首先对检材的整体布局、格式、画面、语言等特征进行分析，确定各部分的真实性与特征，然后进行综合，从检材各部分的特征之间寻找联系，以求对检材中的特征有一个全面的认识。

文书鉴定中，无论什么检材（票证、钞票、印鉴、笔迹等）都需要鉴定人员通过敏锐的观察力，直接从检材中获取大量的感性材料，经过自己大脑的分析、综合，由此及彼、由表及里作出判断、推理，形成符合逻辑规律的鉴定意见。

例如，在笔迹鉴定中，鉴定人作了以下三点分析：

（1）检材与样本字迹存在足够数量的符合特征，且符合特征总和的价值充分反映了同一人的书写习惯。

（2）检材与样本字迹没有本质的差异特征。

（3）检材与样本字迹发生变化的笔迹特征能得到合理的解释。

第一条是关于书写习惯的分析，第二条是关于字迹的差异分析，第三条是关于字迹发生变化原因的分析。有了这些分析，鉴定人对笔迹鉴定案件就有了初步的认识，但这些认识还是孤立的、分散的，应该在思想上把它们综合起来。这种综合表现在“该检材字迹……是某人所写”。因为只有由具备这样条件的人来书写，才能把笔迹鉴定案件的全部现象统一起来，使所有的现象得到合理的解释。

经过这样的分析与综合，鉴定人对该鉴定案件的认识就深刻多了，对最终提出何种鉴定意见也就明确多了。

《最高人民法院关于适用〈中华人民共和国民事诉讼法〉的解释》（法释〔2015〕5 号）第一百零五条：“人民法院应当按照法定程序，全面、客观地审核证据，依照法律规定，运用逻辑推理和日常生活经验法则，对证据有无证明力和证明力大小进行判断，并公开判断的理由和结果。”

可见，在诉讼活动中运用逻辑推理对证据有无证明力和证明力大小进行判断具有独特的作用。

综上所述，通过观察以概括方法形成概念，通过分析形成判断，通过综合形成推理，观察、分析与综合三者在实施鉴定过程中形成了相互作用、互相依存、密不可分的逻辑关系。

项目二

探求鉴定案件因果联系的逻辑方法

司法鉴定是由许多相互联系、相互制约的事物所构成的统一体。因果联系理论是揭示司法鉴定中普遍联系事物的先后相继、彼此制约的规律。引起一定结果的现象叫原因，由于原因的作用而必然引起的现象叫结果。原因和结果的联系是辩证的，同一现象在这种联系上是原因，在另一种联系上又是结果，各种现象之间互为因果的联系，就是因果联系规律。

一、现象的因果联系

（一）因果联系的概念

客观世界是一个有内在联系的统一整体，其中各个对象或各个现象是互相密切联系、互相依赖、互相制约着的。因果联系是指原因和结果之间的联系。

因果联系的逻辑就是：因为 A，所以 B，或者说如果出现现象 A，必然就会出现现象 B（充分关系）。这是一种引起和被引起的关系，而且是原因 A 在前，结果 B 在后。例如，甲用刀杀乙，造成乙的死亡；甲用刀杀人是原因，乙的死亡是结果。

（二）因果联系的特征

因果联系是世界万物之间普遍联系的一个方面，科学研究的一个重要任务就是要把握事物之间的因果联系，以便掌握事物发生、发展的规律。因果联系的主要特征有：

（1）因果联系的普遍性。不管自然界还是社会领域中都存在因果联系，没有因果联系的现象是不存在的。

（2）因果联系的必然性。有原因就有结果，有结果就有原因。世界上不存在无因之果，也不存在无果之因。

（3）因果联系的时序性（时间先后性）。原因先于结果，结果后于原因。这个特点告诉人们要从结果发生以前的时间内去寻找原因。后面介绍的探求因果联系的几种逻辑方法，其形式的建立与这一特点有关。

原因和结果这种引起与被引起的关系是因果联系的本质特征；原因和结果在时间上的先后相继，是因果联系的外部特征。原因在前，结果在后，所以因果联系是确定的。因果联系上述三个特征表明：司法鉴定中的一切现象都有其产生的原因，任何原因都必然引起一定的结果，原因和结果都具有客观的实在内容，只有具有时间顺序和必然联系两个特征，才能构成因果联系。因果联系是司法鉴定中所固有的，是不以人们的意志为转移的。因此，即使在鉴定中一时找不到因果联系，也只能说明在一定时间内由于具体鉴定案件的客观条件的限制，还没有找到原因而已，并不是不存在因果联系。

（4）因果联系的复杂性。因果联系的复杂性在于案件因果联系表现形式的多样性。

①一因一果：即一个原因产生一个结果。例如，失血是失血性休克的原因，休克是失血的结果。

②多因一果：即多个原因一起产生一个结果。例如，缺乏血色素的窒息而死可能为下列原因所引起：一是受伤时大量失血和疾病引起的慢性贫血；二是血色素受毒物（如氧化碳、亚硝酸盐等）的影响而生变化。

③复因一果：即只有几种情况共同存在才能使另一种情况出现，其中的一种情况并不是结果的全部原因而只是部分原因，这样的情况，人们通常也称为有因果联系。同一个现象乙，对甲现

象可能是结果，但对丙现象又可能是原因。例如，甲用刀杀乙，造成乙的重伤，乙因重伤而死亡。这时重伤对甲的行凶是结果，对乙的死亡又是原因。

④一因多果：即一个原因产生多个结果。

因果联系规律是司法鉴定中的一个重要规律，它贯穿司法鉴定活动的始终。司法鉴定的过程是溯源性的认识过程，即一个不断地由结果推导原因，沿着结果到行为的途径，探求事物之间的因果联系，最终查明鉴定案件的事实真相的过程。司法鉴定中的因果联系所要研究的是引起鉴定事项结果的内在的、合乎规律的、必然的而不是偶然的联系。正确区分原因和条件对深刻认识因果联系、实施司法鉴定活动有着重要的意义。

在司法鉴定活动中，经常会遇到一些复杂的、亟待解决的因果联系问题，例如，法医病理鉴定中发现机体存在一定形态学改变，但就其严重程度而言，尚缺乏明确的可以认定致死原因的判断依据。

探求鉴定案件中的因果联系，就需要借助于形式逻辑总结的探求因果联系的方法，分析鉴定材料或进行相应的观察和实验，进而判明现象之间的因果联系。

二、探求因果联系的方法

探求因果联系的方法主要有：求同法、求异法、求同求异共用法、共变法和剩余法。本书主要介绍最常用的求同法、求异法和共变法。

（一）求同法

求同法（又称契合法）探求现象间的因果联系的原理是：如果在被研究的那类现象出现的几个场合中，其他有关情况都不同，只有一个情况是相同的，那就得出结论：这个唯一相同的情况与被研究的那类现象之间具有因果联系。这种推理称为求同法。它是从现象和情况的出现或不出现方面来判明因果联系。

鉴定案件实例

一起人体伤残等级及伤病关系鉴定案件司法鉴定意见书叙述：

1. 被鉴定人林××腰5椎体滑脱并腰4椎体峡部骨折，腰椎管狭窄症。经医院行腰5椎体滑脱椎弓根钉内固定、减压+椎间融合手术等相关治疗，目前已治疗终结，临床效果稳定，遗留腰部活动功能部分受限，经测量和计算其腰部活动功能丧失达29.5%。根据《道路交通事故受伤人员伤残评定（GB18667—2002）》4.9.3.a）“颈椎或腰椎畸形愈合，颈部或腰部活动度丧失25%以上”之规定，被鉴定人林××目前腰部功能障碍构成Ⅸ级伤残（九级伤残）。

2. 脊椎滑脱是指峡部崩裂后，上部分的椎体、椎弓根、横突、上关节突仍与上方的脊椎保持正常关系，下部分的下关节突、椎板、棘突与下方脊椎保持联系，两部分之间失去正常的骨性连接，上部分失去限制向前移位，表现为椎体在下移椎体的上面向前滑移（摘自《外科症状鉴别诊断》）。腰椎滑脱的分类主要有：先天性发育不良型、峡部崩裂型、创伤性滑脱、退变性滑脱、病理性滑脱、医源性滑脱；创伤性滑脱系外伤引起“骨钩”复合体骨折后，使得上一椎节在下一椎节上滑移，但此型更多的是指由于椎弓根、小关节的骨折而导致的滑脱，如骨折部位恰好位于上下关节突之间的峡部，则表现为典型的峡部崩裂，X线平片上显示断裂部位多无硬化骨出现，系新鲜骨折。当峡部崩裂，尤其是双侧峡部崩裂时，如同时有椎间盘退行性变，则易发生脊椎滑脱。根据委托人提供的病历和影像学资料，被鉴定人林××受伤前已存在腰椎骨质增生、椎间盘退行性变等自身疾病，于2015年×月×日因交通事故受伤入院，入院查体见腰椎活动受限，T12—L2棘突间及椎旁压痛，左臀部局部压痛。伤后X线片显示腰5椎体以上脊柱向前滑脱及腰4椎弓峡部骨折，且符合新鲜骨折的特点。MR片也提示新鲜骨折征象：腰4、5椎体棘突挫伤、水肿，腰4椎体峡部不规则高信号影。结合损伤部位、损伤性状分析，林××腰5椎体滑脱并腰4椎弓峡部骨折系钝性外力作用所致，符合交通事故损伤特点，故该损伤与本次交通事故存在直接因果关系。考虑林××本次交通事故受伤前已存在腰椎骨质增生、椎间盘退行性变等自身疾病，当腰部遇到强大外力作用致椎体峡部崩裂并椎体滑脱时，便会造成腰部活动功能障碍的后果，根据《关于法医临床司法鉴定若干问题的执业指引》（粤鉴协〔2014〕12号）5.1.2之规定，鉴定意见：被鉴定人林××目前腰部功能障碍构成Ⅸ级伤残（九级伤残）。该损伤与本次交通事故存在直接因果关系。被鉴定人林××本次损伤后果主要由交通事故造成，骨质增生、椎间盘退行性变仅为次要因素，建议交通事故所造成的损伤参与度为61%～90%。

逻辑分析

本案中，法医运用了求同法进行推理。腰部功能障碍后果是致伤的几个场合中唯一相同的情况，因而就得出结论：被鉴定人林××本次损伤后果主要由交通事故造成，骨质增生、椎间盘退行性变仅为次要因素。

在运用求同法时，可能遇到若干种相同的情况。在这种情况下，应将这若干种相同情况看成与被研究的现象有因果联系，然后用其他的方法确定其中的真正原因。

（二）求异法

求异法（又称差异法）探求现象间的因果联系的原理是：其他有关情况都相同，唯有一个情况不同，这个情况在被研究现象出现的场合中出现，而在被研究现象不出现的场合中不出现，那就得出结论：这个唯一不同的情况与被研究的那类现象之间有因果联系。这种推理方法称为求异法。求异法是从现象和情况的出现或不出现方面来判明因果联系。求异法推理的特点就是同中求异。

在现实生活中常常有这样的事件：张三、李四二人同桌吃饭，第一、二、三道菜二人都同时吃了，第四道菜张三吃了，李四没有吃。事后张三发生中毒现象，李四没有中毒。在这种情况下，很容易确定第四道菜是引起张三中毒的原因。这种判明因果联系的方法就是求异法。

鉴定案件实例

一起交通事故致人死亡原因鉴定案件司法鉴定意见书叙述："头部损伤分析：死者左额颞颧部擦挫伤，左耳郭擦挫伤，耳郭外上缘少部分缺失，以上损伤均具有生活反应，根据损伤形态，结合粤×7B21 车辆检验照片见底盘有多处血迹和擦蹭痕迹及死者衣服多处挫裂分析，符合被该车拖刮时与地面接触形成，车辆撞击不能形成；左顶枕部挫裂创，颅骨类圆形孔状骨折、缺失，相应部位硬脑膜完整，可由较短的类圆柱状物体形成，结合粤×7B21 车辆检验照片所见，其应系该车底盘的螺母撞击形成。类圆形孔状骨折附近的枕顶骨骨折，头皮下出血不明显，非摔跌形成，符合与类圆形孔状骨折一次形成。"法医们认定："死者何××系因被粤×26J×轿车撞击后，被粤×7B21 轿车拖刮和撞击头、胸、腹部，导致呼吸、循环功能障碍而死亡。"

逻辑分析

本案中，法医运用了求异法进行推理。粤×7B21 轿车拖刮和撞击是致死者何××头、胸、腹部损伤的唯一不同的情况，因而就得出结论：死者何××系因被粤×26J×轿车撞击后，被粤×7B21 轿车拖刮和撞击头、胸、腹部，导致呼吸、循环功能障碍而死亡。

（三）共变法

共变法探求现象间的因果联系的原理是：在其他条件不变的

情况下，如果每当某一现象发生一定程度的变化时，另一现象也随着发生一定程度的变化，那么，这两个现象之间有因果联系。这种推理方法称为共变法。共变法是从现象的量的变化方面来判明因果联系。

鉴定案件实例

一起死亡原因鉴定案件司法鉴定意见书叙述：死者李×，男，36岁，××××年×月×日21时50分许，被其朋友发现突然昏倒在×旅馆卫生间内，呼之不应，遂对其进行胸外按压并拨打“120”急救。约20分钟后“120”到达现场，医生检查发现：口唇发绀，脉搏触不到，呼吸、心跳停止，两侧瞳孔缩小，直径均为0.2cm，对光反射消失。予胸外按压、心内注射强心针，抢救无效后，宣布临床死亡。××××年××月××日××市公安局××刑警大队委托×××司法鉴定中心对死者李×进行死亡原因鉴定。

该司法鉴定中心法医们根据办案部门提供的鉴定材料，结合尸体检验、尸体解剖、实验室检测和法医病理学诊断所见的事实，作出了综合分析说明和理由论证：死者既往有吸毒史，案情高度提示其系戒毒后复吸人员，解剖和组织学检查发现其有脉性肝硬化、肝功能异常，降低了对海洛因的耐受性。血液中检出吗啡浓度0.1g/mL，已达中毒浓度，结合中毒组织学病理改变，认定其主要死因为急性海洛因中毒。死者同时患有艾滋病、门脉性肝硬化、冠状动脉粥样硬化性心脏病、支气管炎等基础疾病，这些疾病属于慢性疾病或轻度病变，在急性海洛因中毒的基础上，可促进呼吸循环衰竭的进程，为辅助原因。并据此作出了“李×在患有艾滋病、门脉性肝硬化、冠状动脉粥样硬化性心脏病、支气管炎的病变基础上，因急性海洛因中毒导致急性呼吸循环衰竭死亡”的鉴定意见。

逻辑分析

本案中，法医运用了共变法进行推理。在死者李×症状发生变化的几个场合中，其他无变化，唯有海洛因已达中毒浓度，最后终于死亡。因而法医断定：死者李×因急性海洛因中毒导致急性呼吸循环衰竭死亡。

上述探求因果联系的逻辑方法，在司法鉴定活动中可以结合起来应用，这样就能从根本上提高鉴定意见的可靠性。

综合上述，在实施司法鉴定活动中，鉴定人员要以“疑”字为中心，通过“寻疑”“析疑”“释疑”三个环节，逐步深化，最大限度地全面占有鉴定案件信息，充分运用司法鉴定逻辑思维去还原鉴定案件过程，获取鉴定案件证据，通过鉴别和判断提出确认鉴定案件最终结果的鉴定意见。例如前述的交通事故致人死亡原因鉴定中，法医们就是围绕“寻疑”“析疑”“释疑”三个环节，根据办案部门提供的现场勘查材料，结合尸体检验所见的事实，在综合分析说明和理由论证的基础上，对鉴定案件事实作出最终的认定。

以上述“一起交通事故致人死亡原因鉴定案件”为例：

寻疑：一是死者先后被三部机动车辆撞击；二是死者头、面部多处挫擦伤，颅骨骨折、蛛网膜下腔和脑室出血，双侧肋骨多发骨折；三是胸椎横断骨折，右心房挫伤，右肺上叶破裂，胸腔积血，脾脏破裂，腹腔积血，四肢骨折，其头、胸、腹部损伤均较严重。

析疑：上述疑点说明了什么问题，它与本案交通事故中车辆的撞击事实有何联系？其致命性损伤是由哪一部车辆撞击形成的？

释疑：一是死者左额颞颧部擦挫伤，左耳郭擦挫伤，耳郭外上缘少部分缺失，根据损伤形态，结合粤×7B21车辆检验照片见底盘有多处血迹和擦蹭痕迹及死者衣服多处挫裂分析，符合被该车拖刮时与地面接触形成；左顶枕部挫裂创，颅骨类圆形孔状骨折、缺失，相应部位硬脑膜完整，可由较短的类圆柱状物体形成，结合粤×7B21车辆检验照片所见，其应系该车底盘的螺母撞击形成。类圆形孔状骨折附近的枕顶骨骨折，头皮下出血不明显，非摔跌形成，符合与类圆形孔状骨折一次形成；二是死者胸腹腰背部大面积挫擦伤，符合与地面拖擦形成；胸廓塌陷，双侧肋骨多发骨折，胸椎横断骨折，右心房挫伤，右肺上叶破裂，胸腔积血，脾脏破裂，腹腔积血，结合粤×26J×车型及与摩托车碰撞部位、粤×42×L轻型货车车厢痕迹分析，两车均不能形成，根据粤×7B21车辆底盘多处擦蹭痕迹，应系该车拖刮死者时，死者与车辆底盘挤压、撞击形成；三是根据粤×26J×车型及与摩托车碰撞部位、粤×42×L轻型货车车厢痕迹分析，死者右肱骨上段骨折应系与粤×42×L轻型货车车厢撞击形成。根据现场血迹分布情况及部位、高度分析，左胫腓骨上段开放粉碎性骨折符合粤×26J×车撞击形成；粤×7B21右前轮挡泥板前侧甩溅状血迹，应系该车前轮碾压左胫腓骨上段或相邻部位形成。

据此，法医们作出了“死者何××系因被粤×26J×轿车撞击后，被粤×7B21轿车拖刮和撞击头、胸、腹部，导致呼吸、循环功能障碍而死亡”的鉴定意见。

单元四

制作司法鉴定意见书的逻辑特征

项目一

制作司法鉴定意见书概述

《通则》第三十六条："司法鉴定机构和司法鉴定人应当按照统一规定的文本格式制作司法鉴定意见书。"

《司法鉴定文书规范》第三条第二款："司法鉴定意见书是司法鉴定机构和司法鉴定人对委托人提供的鉴定材料进行检验、鉴别后出具的记录司法鉴定人专业判断意见的文书，一般包括标题、编号、基本情况、检案摘要、检验过程、分析说明、鉴定意见、落款、附件及附注等内容。"

这其中的"检案"就是鉴定案件的证据，"检验"就是对检案证据的验证，"分析说明"就是对鉴定案件事实的理由论证，"鉴定意见"就是对鉴定案件事实的最终认定。

我国古人把好的文章的内在逻辑结构概括为四个字：起、承、转、合。"起"就是开头，"承"就是承接展开，"转"就是转折提炼，"合"就是归结或作出结论。司法鉴定意见书的基本结构就是上述逻辑结构的固定化和程式化。图示如下：

起——基本情况（即委托人、委托鉴定事项、受理日期、鉴定材料、鉴定日期、鉴定地点、在场人员、被鉴定人等）

承——鉴定案件事实（即检案摘要、检验过程）

转——鉴定分析说明（即理由论证）

合——作出鉴定意见

由此可见，用格式化的手法把一种严谨的论证问题的鉴定意见书结构加以固定化，使它更有效地表达鉴定意见书的主旨，实现鉴定意见的证明力。

制作司法鉴定意见书是指鉴定人对委托鉴定案件的事实进行分析、鉴别和判断后，制作的记录、反映司法鉴定过程和结果的书面文件的活动。

制作司法鉴定意见书是进行司法鉴定活动的第三个环节，鉴定意见书既是司法鉴定的最终成果，也是司法鉴定机构完成委托鉴定事项的根本标志：

（1）鉴定过程必须通过司法鉴定意见书来体现和提出，离开了制作司法鉴定意见书环节，则无法体现鉴定过程以及提出鉴定意见。

（2）委托鉴定事项的最终结果要由司法鉴定意见书来认定，离开了制作司法鉴定意见书环节，委托鉴定事项的鉴定意见就无法形成。

司法鉴定意见是刑事、民事、行政等诉讼法规定的八种证明案件事实的法定证据之一。因此，制作司法鉴定意见书必须做到依规制作，形式规范，层次清楚，论题明确，论据充分，论证方式符合逻辑规则，结论可靠、可信。

结论：一是指从前提推论出来的判断，也叫断案；二是指对人或事物所下的最后的论断。

司法鉴定意见书既要表达出鉴定意见是否有充分的材料依据，也要表达出鉴定人的思维逻辑依据，是一个通过客观的观察方法、科学的理论论证并通过正确的逻辑思维来反映鉴定案件的实质并得出鉴定意见的过程。要完成这一过程，在遵守经验规则的同时，还必须严格遵守逻辑论证的基本规则。

项目二

制作司法鉴定意见书的逻辑要求

鉴定案件实例

死亡原因鉴定案

201×年××月××日零时10分许，在××市港口大道杨洲四洲路口对出路段，粤×26J×轿车与何××驾驶的无号牌摩托车碰撞后，造成何××撞在前面行驶的粤×42×L轻型货车左侧车厢，何××倒地后再被另一辆粤×7B21小车拖挂，最后造成何××当场死亡的交通事故。事故发生后，××市公安交警支队××大队委托×××司法鉴定中心对何××的死亡原因和致死方式进行鉴定。

该司法鉴定中心法医们根据办案部门提供的现场勘查材料，结合尸体检验所见的事实，作出了综合分析说明和理由论证：

1. 死亡原因分析：根据尸体检验所见，死者何××头、面部多处挫擦伤，颅骨骨折、蛛网膜下腔和脑室出血，双侧肋骨多发骨折，胸椎横断骨折，右心房挫伤，右肺上叶破裂，胸腔积血，脾脏破裂，腹腔积血，四肢骨折，其头、胸、腹部损伤均较严重，死亡原因符合颅脑损伤合并胸、腹部损伤。

2. 头部损伤分析：死者左额颞颧部擦挫伤，左耳郭擦挫伤，耳郭外上缘少部分缺失，以上损伤均具有生活反应，根据损伤形态，结合粤×7B21车辆检验照片见底盘有多处血迹和擦蹭痕迹及死者衣服多处挫裂分析，符合被该车拖刮时与地面接触形成，车辆撞击不能形成；左顶枕部挫裂创，颅骨类圆形孔状骨折、缺失，相应部位硬脑膜完整，可由较短的类圆柱状物体形成，结合粤×7B21车辆检验照片所见，其应系该车底盘的螺母撞击形成。类圆形孔状骨折附近的枕顶骨骨折，头皮下出血不明显，非摔跌形成，符合与类圆形孔状骨折一次形成。

3. 胸腹部损伤分析：死者胸腹腰背部大面积挫擦伤，不具有撞击伤特征，符合与地面拖擦形成；胸廓塌陷，双侧肋骨多发骨折，胸椎横断骨折，右心房挫伤，右肺上叶破裂，胸腔积血，脾脏破裂，腹腔积血，结合粤×26J×车型及与摩托车碰撞部位、粤×42×L轻型货车车厢痕迹分析，两车均不能形成，根据粤×7B21车辆底盘多处擦蹭痕迹，应系该车拖刮死者时，死者与车辆底盘挤压、撞击形成。

4. 四肢损伤分析：根据粤×26J×车型及与摩托车碰撞部位、粤×42×L轻型货车车厢痕迹分析，死者右肱骨上段骨折应系与粤×42×L轻型货车车厢撞击形成。根据现场血迹分布情况及部位、高度分析，左胫腓骨上段开放粉碎性骨折符合粤×26J×车撞击形成；粤×7B21右前轮挡泥板前侧甩溅状血迹，应系该车前轮碾压左胫腓骨上段或相邻部位形成。

5. 致死方式分析：死者头、胸、腹部损伤外轻内重，体表损伤以擦挫伤为主，结合现场情况分析，具有交通工具损伤特征。

法医根据上述综合分析说明和理由论证，作出了“死者何××系因被粤×26J×轿车撞击后，被粤×7B21轿车拖刮和撞击头、胸、腹部，导致呼吸、循环功能障碍而死亡”的鉴定意见。

在日常生活中，反映某些简单事实的真实判断，根据人们的感觉或者拿出实物就可以直接得到证明。例如用耳朵听一听、用眼睛看一看就可以证明“外面正在下雷阵雨”这一判断的真实性，称之为感官证明；用鼻子闻一闻就可以证明“米饭烧煳了”

这一判断的真实性，称之为经验证明。但是有许多反映复杂事物或思想的判断的真实性，需要从理性上用逻辑方法来加以证明，通常称之为逻辑证明。

引用已知的真实判断来确定另一判断的真实性，就是证明；引用已知的真实判断来确定另一判断的虚假性，就叫反驳。在司法鉴定活动中，要经常运用证明和反驳这两种方法。

在具体的司法鉴定活动中，为了确定鉴定人员某一观点是正确的，就要从逻辑上加以证明（如初次鉴定）；为了确定某一观点是错误的，就要从逻辑上进行反驳（如否定原鉴定结论的重新鉴定）。不经过证明，鉴定人员的观点就立不起来；不经过反驳，错误的观点就破不了。这种立论和驳论，就是从逻辑上进行论证的过程。

司法鉴定意见书通过文字形式把形成鉴定意见的依据及思维过程，经过组织条理化后，呈现给办案机关，让办案人员及其他诉讼参与人能够容易理解并认同。从逻辑角度讲，制作并形成司法鉴定意见书的过程，就是一个逻辑证明的过程。因此，制作司法鉴定意见书必须综合运用论证思维方法，反复审查鉴定材料的真实性和论证的逻辑性，才能最大限度地保证推理的严密性和认定案件事实的准确性。

论证，是指用逻辑方法从理性上进行证明，通常将之称为论证。论证是由论题、论据和论证方式三个部分组成。

一、论题

论题（判断或命题），在科学论文和政论文中通常称为论点，有总论点和分论点之分。论题就是证明的对象，所回答的是“要证明什么”的问题。因此，要证明一个论题，首先要把论题明确地提出来，使别人明白你究竟主张什么或反对什么。证明中论题的逻辑形式表现为需要从逻辑上确定其真实性的判断，即相当于推理中的结论。一份司法鉴定意见书中的论题，就是“鉴定意见”中的结论。

例如，前述死亡原因鉴定司法鉴定意见书中“鉴定意见”部分就是鉴定意见书的总论题，这就是经过鉴别和判断后对全案所作出的总结论，它回答的是“死者何××是否系因被粤×26J×轿车撞击后，被粤×7B21轿车拖刮和撞击头、胸、腹部，导致呼吸、循环功能障碍而死亡”这样一些带关键性的问题；鉴定意见书中“分析说明”部分对被鉴定人“死亡原因、头部损伤、胸腹部损伤、四肢损伤、致死方式”等的事实的认定，就是分论题，即对一些具体问题所作出的结论了。

二、论据

论据，也叫理由、根据。在证明中，论据是用来确定论题的真实性的那些判断，也就是已知为真实那些判断，即相当于推理中的前提。论据所回答的是“用什么来证明”的问题。

论据可以是一般的理论、原则、公理、定理，即理论论据；论据也可以是具体的事实，即事实论据。不管理论论据也好，还是事实论据也好，在证明中都是以判断的形式出现的。引用事实论据来证明论题的，通常称之为摆事实；引用理论论据来证明论题的，通常称之为讲道理。

司法鉴定活动中论据就是证据。司法鉴定意见书中的理论论据对应为鉴定标准、技术规范，事实论据对应为鉴定材料、鉴定对象。

论据是论题赖以建立起来的支柱，它在证明中起着关键性的作用。无论你的观点和主张如何正确，如果你拿不出论据来支持你的观点和主张，那么也没有多少说服力。

和论题一样，论据也是分层次的。通常把用来支持总论题的论据称为第一级论据，用来支持分论题的论据称为第二级论据，如有必要还可以再分下去。在司法鉴定意见书中，既要有鉴定标准、技术规范论据，又要有事实论据，二者缺一不可。

例如，前述死亡原因鉴定司法鉴定意见书中“综合分析说明和理由论证”部分对被鉴定人“死亡原因、头部损伤、胸腹部损伤、四肢损伤、致死方式”等事实的认定，就是用来支持总论题即鉴定结论的论据。

论据规则要求：论据必须真实。证明的过程就是从已知为真的论据推出论题真实性的过程。如果论据虚假，就不能保证从该论据推出的论题为真。如果用虚假论据进行证明，就会犯“虚假理由”的逻辑错误。

因此，鉴定意见书中记叙事实所选择的材料，必须绝对真实，容不得半点虚假。在制作鉴定意见书时，鉴定人所掌握的证据材料往往是大量的，其中有真有假，既有反映表象的也有反映本质的。这就需要在叙述事实时加以认真选择，进行由表及里、由此及彼、去粗取精、去伪存真的选择工作。其根本的标准是选用足以说明问题本质的材料，也就是要选择足以说明鉴定案件根本性质的典型材料。

三、论证方式

论证方式是论据和论题之间的联系方式，也就是证明者在用论据支持论题时使用了什么样的推理形式，即相当于推理中的推理形式。所回答的是“怎样来证明”的问题。

和论题、论据不同，论证方式并不表现为一个或若干个判断，它所体现的是论据与论题之间的逻辑联系。人们要求写说理性质的文章得用材料来说明观点，做到材料和观点的统一，这就是要求论据与论点之间应有正确的逻辑关系。由于论证方式是保证证明有说服力的必不可少的条件，所以对逻辑证明中的论证方式必须给予高度的重视。

司法鉴定意见书中的论证方式对应为“分析说明”部分。

分析说明即理由论证，是鉴定意见书的灵魂，是体现鉴定意见的核心内容。必须依法论述、说理有据，同时注意加强事理分析，剖解透辟，令人信服，以期更好地发挥鉴定意见的证据效力。有清楚明白的分析说明，鉴定意见说服力就强，正因如此，一份好的鉴定意见书应该就是一篇论证精辟的说理文，既能有效地折服当事人，又能发挥独特的宣传教育作用。

（一）论证方式的推理形式

在证明中所使用的推理形式，可分为归纳证明、演绎证明、例证证明和比较证明四种。

1. 归纳证明

用一些具体事实作为论据，通过归纳推理的形式，来证明论题的真实性的，叫作归纳证明，即根据一类事物的部分对象具有某种性质，推出这类事物的所有对象都具有这种性质的论证方法。其主要环节是归纳推理（简称归纳），也叫归纳论证，是从观察、实验和调查所得的许多个别事实中概括出一般性概念、原则或结论的一种思维方式和推理形式，它属于合情推理。

例如，“重伤指使人肢体残废、毁人容貌、丧失听觉、丧失视觉、丧失其他器官功能或者其他对于人身健康有重大伤害的损伤”“轻伤指使人肢体或者容貌损害，听觉、视觉或者其他器官功能部分障碍或者其他对于人身健康有中度伤害的损伤”，它们共同的特性可以归纳为“损伤”。

司法鉴定活动中归纳证明通常使用的论据，就是鉴定案件的具体事实。引用具体事实来证明论题的真实性容易说服人，因此，归纳证明的说服力比较强。

归纳法的主要作用在于：一是指导科学试验，为了寻找因果关系而利用归纳法安排可重复性的试验；二是整理鉴定材料，利用归纳法可从材料中找出普遍性或共性，从而总结出定律和公式。

归纳法的优点在于判明因果联系，然后以因果规律作为逻辑推理的客观依据，并且以观察、试验和调查为手段，所以结论一般是可靠的。

在归纳论证中，个别性结论是依据，一般规律结论是论点。

例如，前述死亡原因鉴定司法鉴定意见书中“四肢损伤分析：根据粤×26J×车型及与摩托车碰撞部位、粤×42×L轻型货车车厢痕迹分析，死者右肱骨上段骨折应系与粤×42×L轻型货车车厢撞击形成。根据现场血迹分布情况及部位、高度分析，左胫腓骨上段开放粉碎性骨折符合粤×26J×车撞击形成；粤×7B21右前轮挡泥板前侧甩溅状血迹，应系该车前轮碾压左胫腓骨上段或相邻部位形成。死者何××系因被粤×26J×轿车撞击后，被粤×7B21轿车拖刮和撞击头、胸、腹部，导致呼吸、循环功能障碍而死亡”等事实认定的证明方法，就是运用了归纳证明法。

上述判断中包含着一个完整的归纳论证：“根据粤×26J×车型及与摩托车碰撞部位、粤×42×L轻型货车车厢痕迹分析，死者右肱骨上段骨折应系与粤×42×L轻型货车车厢撞击形成。根据现场血迹分布情况及部位、高度分析，左胫腓骨上段开放粉碎性骨折符合粤×26J×车撞击形成；粤×7B21右前轮挡泥板前侧甩溅状血迹，应系该车前轮碾压左胫腓骨上段或相邻部位形成。”这是个别性结论，是论据，是“大前提”；而“死者何××系因被粤×26J×轿车撞击后，被粤×7B21轿车拖刮和撞击头、胸、腹部，导致呼吸、循环功能障碍而死亡”是共同的特性，则是结论，同时也是论点。

2. 演绎证明

鉴定案件实例

人体损伤程度鉴定

2010年1月5日上午8时50分许，彭××驾驶三轮摩托车时与一辆小客车碰擦，双方发生争执，被小客车司机张×用匕首刺伤全身多处，被送至××县人民医院救治。2010年1月××日，××市公安局法医物证鉴定中心作出了“被鉴定人彭××因胸部损伤引起血气胸，未达到呼吸困难程度，其损伤构成轻伤（偏重）”的鉴定意见。彭××对该鉴定意见提出异议，并通过其代理人委托另一鉴定机构重新鉴定。2010年11月××日，×××××司法鉴定所作出了“被鉴定人彭××因胸部损伤引起血气胸，其损伤程度评定为重伤”的鉴定意见。为了准确地认定彭××的损伤性质，××市公安局委托×××××司法鉴定中心对彭××进行损伤度鉴定。

该司法鉴定中心法医们根据办案机关提供的包括病历记录、影像学资料，结合法医临床检验所见事实情况，作出了综合分析说明和理由论证：

1. 被鉴定人彭××入院时体查右胸、胸骨柄处、右腋中线第3肋间处、左侧腰背部创口虽累计长度达17.5cm，但法医临床检验与上述损伤对应部位的皮肤瘢痕累计长度应为12.3cm，上胸部2.0cm×1.8cm、右季肋部2.0cm×0.4cm皮肤瘢痕应为胸腔镜手术所遗留。另，入院时体查左上臂见长约4cm及2cm的裂口，法医临床检验见左肘部、左肘窝有1.0cm×1.0cm块状皮肤瘢痕及长3.2cm、宽0.3cm的条状皮肤瘢痕，故左肘部、左肘窝的瘢痕长度应累计为4.2cm。法医临床检验左侧阴囊及左腹股沟内侧瘢痕长度分别为2.5cm、3.2cm。

2. 被鉴定人彭××入院时呼吸急促，未述有自觉气短、胸闷不适等症状，也没有呼吸幅度的变化、鼻翼扇动及紫绀等体征，认定其伤后出现呼吸困难的临床依据不足。虽其没有呼吸困难的典型症状和体征，但阅X线、CT片示右肺压缩约75%，纵隔向左侧移位，且术中见右肺中叶破裂口长3cm，故右侧开放性气、血胸及肺挫伤是可危及其生命的损伤。

3. 被鉴定人彭××入院时脉搏118次/分、血压85/50mmHg，清创术中血压稳定在85~90/50~60mmHg之间，心率稳定在100~108次/分之间，伤后血压与恢复正常时相比改变不明显，脉压差也没有缩小，通过补充血容量，血压很快恢复正常；血红蛋白与恢复正常时相比下降达45g/L，提示其失血量较多；术后护理记录其神志烦躁，属于休克早期的体征。因此，被鉴定人彭××因失血尚不足以诊断为失血性休克失代偿期，属于失血性休克代偿期。

法医依照 2014 年 1 月 1 日起实施的《人体损伤程度鉴定标准》第 5. 6. 2. f、5. 6. 2. g 条之规定，作出了“被鉴定人右侧开放性气、血胸伴右肺压缩约 75%、肺挫伤，构成重伤二级”的鉴定意见。

在证明中运用演绎推理的形式，来证明论题的真实性的，叫作演绎证明，也叫演绎论证。演绎推理，就是从一个或几个已知的判断（前提）出发，通过推导即“演绎”得出具体陈述或个别结论的一种推理，即从一般原理推导出个别结论的论证方法。它既是前提蕴含结论的推理，也是前提和结论之间具有必然联系的推理。

在演绎论证中，普遍性结论是依据，而个别性结论是论点。演绎推理与归纳推理相反，它反映了论据与论点之间由一般到个别的逻辑关系。例如“使人肢体残废、毁人容貌、丧失听觉、丧失视觉、丧失其他器官功能或者其他对于人身健康有重大伤害的损伤”可以演绎为“使人肢体残废、毁人容貌、丧失听觉、丧失视觉、丧失其他器官功能或者其他对于人身健康有重大伤害的损伤，是重伤”，“使人肢体或者容貌损害，听觉、视觉或者其他器官功能部分障碍或者其他对于人身健康有中度伤害的损伤”可以演绎为“使人肢体或者容貌损害，听觉、视觉或者其他器官功能部分障碍或者其他对于人身健康有中度伤害的损伤，是轻伤”。

演绎法的主要作用：一是检验假设和理论，对假说作出推论，同时利用观察和实验来检验假设；二是为科学知识的合理性提供逻辑证明；三是有助于作出科学预见，把一个原理运用到具体场合，作出正确推理。

演绎证明通常使用两种论据：一种是一般的原理、原则或规定；另一种是具体反映个别情况的判断。在司法鉴定实践中，法医病理鉴定、法医临床鉴定、法医精神病鉴定、法医毒物鉴定等，通常都是通过演绎推理的形式来证明案件的事实真相的。

法医要证明被害人的死亡时间，需要提出两个方面的论据：一是法医学关于尸体在不同死亡时间内呈现不同反应的一般原理，二是反映送检尸体的具体变化情况。法医要证明被鉴定人的损伤程度，也需要提出两个方面的论据：一是人体损伤程度鉴定标准，二是反映被鉴定人的具体损伤情况。二者缺一不可。

例如人体损伤程度鉴定司法鉴定意见书中："依照2014年1月1日起实施的《人体损伤程度鉴定标准》第5.6.2.f、5.6.2.g条之规定，被鉴定人右侧开放性气、血胸伴右肺压缩约75%、肺挫伤，构成重伤二级。"上述判断中就包含着一个完整的演绎论证："右侧开放性气、血胸伴右肺压缩约75%、肺挫伤"是损伤的普遍性原理，是论据，是"大前提"；"被鉴定人损伤"，是已知的判断，是"小前提"；而"构成重伤二级"则是结论，同时也是论点。

演绎推理的主要形式是三段论，即大前提、小前提和结论。大前提是一般事理（即普遍性）；小前提是论证的个别事物；结论就是论点。用演绎进行论证，必须符合演绎推理的形式。同时，运用演绎推理，鉴定人所根据的一般原理即大前提必须正确，并且要和结论有必然的联系，不能有丝毫的牵强或脱节，否则会使人对结论的正确性产生怀疑。

3. 例证证明

鉴定案件实例

人体伤残等级鉴定案

2015年×月×日，林××驾驶电动自行车行驶至××市三埠区曙光东路与东明路十字路口路段时，与一辆二轮摩托车发生碰撞，造成林××受伤。林××伤后于2015年××月×日经××市中心医院诊治，并于2015年××月××日出院。2016年××月××日，××市人民法院委托×××××司法鉴定所，对林××损伤进行伤残程度鉴定。

一、检案摘要。病历摘要：××市中心医院关于林××病历资料（住院号：735052）记载，第一次住院：患者因“车祸致腰部、左臀部、右肘部疼痛1小时”于2015年×月×日入院。体查：神志清楚，体查合作，行走呈跛行，腰椎生理弯曲存在，无明显侧弯，无肿胀，腰椎活动受限，T12—L2棘突间及椎旁压痛，坐骨神经行程无压痛，直腿抬高试验阴性，加强试验（－），左臀部局部压痛，右肘部无肿胀，活动稍受限。四肢肌力5级，肌张力正常。生理反射存在，病理反射未引出。入院后完善相关检查，腰椎MRI示：胸、腰椎骨质增生，腰4椎体向前滑脱；腰3—骶1椎间盘变性；腰3/4椎间盘膨出；腰4/5、腰5/骶1椎间盘向后突出，腰4/5椎管狭窄。予对症止痛消炎等治疗。于2015年×月××日出院，出院诊断：腰椎骨折；腰椎滑脱；多处挫伤。第二次住院：患者因“车祸致伤腰部伴疼痛不适近2个月”于2015年×月××日入院。体查：头颅五官未见畸形，未及头皮血肿及凹陷性骨折，双侧瞳孔等圆等大，直径约3mm，对光反射灵敏，心肺腹听诊未见异常。脊柱生理曲度存在，腰4椎椎体棘突、棘旁压痛明显，无明显下肢放射痛。双下肢肌力Ⅳ级，其余肢体未见明显异常，神经生理反射存在，病理反射未引出。入院完善相关检查，腰椎正侧位片示：腰5椎体以上脊柱滑脱；腰5/骶1椎间盘变性；腰4椎弓峡部骨折。腰椎MRI示：胸、腰椎骨质增生，腰4椎体向前滑脱；腰3—骶1椎间盘变性；腰3/4椎间盘膨出；腰4/5、腰5/骶1椎间盘向后突出，腰4/5椎管狭窄。于2015年×月××日行腰5椎体滑脱椎弓根钉内固定、减压＋椎间融合手术，术后予对症支持治疗。于2015年6月13日出院，出院诊断：腰5椎体滑脱并峡部骨折；腰椎管狭窄症。

二、检验过程。（一）检验方法：按照《法医临床检验规范》（SF/Z JD0103003—2011）对被鉴定人进行检验。（二）检验所见：1. 法医学活体检查。被鉴定人林××，拄单拐跛行入室就检，神清，一般情况可，病史自述，对答切题，检查合作。头颅五官无畸形，胸廓无畸形及压痛。腰围固定在位，腰骶部正中见一14.0cm纵行手术瘢痕。脊柱生理弯曲存在，腰4、5椎体处轻压痛，腰部活动功能部分受限，经测量和计算其腰部活动功能丧失达29.5%。四肢感觉、活动无异常，肌力、肌张力正常。余检未见其他明显异常。2. 阅片所见：××市中心医院林××2015年×月×日X线片（片号：1708575）示：腰5椎体以上脊柱向前滑脱，腰4椎弓峡部骨折，断端分离，腰4/5椎管狭窄。××市中心医院林××2015年×月×日MR片（片号：278912）示：胸、腰椎骨质增生，腰5椎体以上脊柱向前滑脱，腰4、5椎体棘突挫伤、水肿，腰4椎体峡部不规则高信号影，腰3—骶1椎间盘变性，腰3/4椎间盘膨出，腰4/5、腰5/骶1椎间盘向后突出，腰4/5椎管狭窄。××市中心医院林××2015年×月××日X线片（片号：1924268）示：腰5椎体滑脱椎弓根钉内固定、减压+椎间融合术后，腰5、骶1椎体内固定在位，无松脱断裂。

三、分析说明。1. 被鉴定人的鉴定材料（××市中心医院现有病历资料）由委托人提供，经审查分析认为该鉴定材料与被鉴定人损伤情况相符，能客观、真实反映被鉴定人的损伤情况，合乎逻辑和规律，其形成过程科学、合乎程序，能满足鉴定需要。2. 被鉴定人林××腰5椎体滑脱并腰4椎体峡部骨折，腰椎管狭窄症。经医院行腰5椎体滑脱椎弓根钉内固定、减压+椎间融合手术等相关治疗，目前已治疗终结，临床效果稳定，遗留腰部活动功能部分受限，经测量和计算，其腰部活动功能丧失达29.5%。根据《道路交通事故受伤人员伤残评定（GB18667—2002)》4.9.3.a）“颈椎或腰椎畸形愈合，颈部或腰部活动度丧失25%以上”之规定，被鉴定人林××目前腰部功能障碍构成Ⅸ级伤残（九级伤残）。3. 脊椎滑脱是指峡部崩裂后，上部分的椎体、椎弓根、横突、上关节突仍与上方的脊椎保持正常关系，下部分的下关节突、椎板、棘突与下方脊椎保持联系，两部分之间失去正常的骨性连接，上部分失去限制向前移位，表现为椎体在下移椎体的上面向前滑移（摘自《外科症状鉴别诊断》）。腰椎滑脱的分类主要有：先天性发育不良型、峡部崩裂型、创伤性滑脱、退变性滑脱、病理性滑脱、医源性滑脱；创伤性滑脱系外伤引起“骨钩”复合体骨折后，使得上一椎节在下一椎节上滑移，但此型更多的是指由于椎弓根、小关节的骨折而导致的滑脱，如骨折部位恰好位于上下关节突之间的峡部，则表现为典型的峡部崩裂，X线平片上显示断裂部位多无硬化骨出现，系新鲜骨折。当峡部崩裂，尤其是双侧峡部崩裂时，如同时有椎间盘退行性变，则易发生脊椎滑脱（摘自《腰椎伤病诊断与治疗》）。

根据委托人提供的病历和影像学资料，被鉴定人林××受伤前已存在腰椎骨质增生、椎间盘退行性变等自身疾病，于2015年×月×日因交通事故受伤入院，入院查体见腰椎活动受限，T12—L2棘突间及椎旁压痛，左臀部局部压痛。伤后X线片显示腰5椎体以上脊柱向前滑脱及腰4椎弓峡部骨折，且符合新鲜骨折的特点。MR片也提示新鲜骨折征象：腰4、5椎体棘突挫伤、水肿，腰4椎体峡部不规则高信号影。结合损伤部位、损伤性状分析，林××腰5椎体滑脱并腰4椎弓峡部骨折系钝性外力作用所致，符合交通事故损伤特点，故该损伤与本次交通事故存在直接因果关系。考虑林××本次交通事故受伤前已存在腰椎骨质增生、椎间盘退行性变等自身疾病，当腰部遇到强大外力作用致椎体峡部崩裂并椎体滑脱时，便会造成腰部活动功能障碍的后果。根据《关于法医临床司法鉴定若干问题的执业指引》（粤鉴协〔2014〕12号）5.1.2之规定，被鉴定人林××本次损伤后果主要由交通事故造成，骨质增生、椎间盘退行性变仅为次要因素，建议交通事故所造成的损伤参与度为61%～90%。

四、鉴定意见。被鉴定人林××目前腰部功能障碍构成Ⅸ级伤残（九级伤残）。被鉴定人林××腰5椎体滑脱并腰4椎体峡部骨折致腰部活动功能障碍，损伤与2015年×月×日交通事故存在直接因果关系。被鉴定人林××本次损伤后果主要由交通事故造成，骨质增生、椎间盘退行性变仅为次要因素，建议交通事故所造成的损伤参与度为61%～90%。

逻辑分析

本案法医运用了例证法进行论证。为了证明“被鉴定人林××目前腰部功能障碍构成Ⅸ级伤残（九级伤残）。被鉴定人林××腰5椎体滑脱并腰4椎体峡部骨折致腰部活动功能障碍，损伤与2015年2月1日交通事故存在直接因果关系。被鉴定人林××本次损伤后果主要由交通事故造成，骨质增生、椎间盘退行性变仅为次要因素，建议交通事故所造成的损伤参与度为61%～90%”的论点，法医选用了四种具有代表性，并能反映出鉴定案件本质的鉴定材料，即论据：

一是第一次住院病历记录资料。“体查：神志清楚，体查合作，行走呈跛行，腰椎生理弯曲存在，无明显侧弯，无肿胀，腰椎活动受限，T12—L2棘突间及椎旁压痛，坐骨神经行程无压痛，直腿抬高试验阴性，加强试验（－），左臀部局部压痛，右肘部无肿胀，活动稍受限。四肢肌力5级，肌张力正常。生理反射存在，病理反射未引出。入院后完善相关检查，腰椎MRI示：胸、腰椎骨质增生，腰4椎体向前滑脱；腰3—骶1椎间盘变性；腰3/4椎间盘膨出；腰4/5、腰5/骶1椎间盘向后突出，腰4/5椎管狭窄。”

二是第二次住院的病历记录资料。“体查：头颅五官未见畸形，未及头皮血肿及凹陷性骨折，双侧瞳孔等圆等大，直径约3mm，对光反射灵敏，心肺腹听诊未见异常。脊柱生理曲度存在，腰4椎椎体棘突、棘旁压痛明显，无明显下肢放射痛。双下肢肌力Ⅳ级，其余肢体未见明显异常，神经生理反射存在，病理反射未引出。入院完善相关检查，腰椎正侧位片示：腰5椎体以上脊柱滑脱；腰5/骶1椎间盘变性；腰4椎弓峡部骨折。腰椎MRI示：胸、腰椎骨质增生，腰4椎体向前滑脱；腰3—骶1椎间盘变性；腰3/4椎间盘膨出；腰4/5、腰5/骶1椎间盘向后突出，腰4/5椎管狭窄。于2015年×月××日行腰5椎体滑脱椎弓根钉内固定、减压＋椎间融合手术，术后予对症支持治疗。”这样的鉴定材料更具有说服力。

三是影像学资料。××市中心医院林××2015年×月×日X线片（片号：1708575）示：腰5椎体以上脊柱向前滑脱，腰4椎弓峡部骨折，断端分离，腰4/5椎管狭窄。××市中心医院林××2015年×月×日MR片（片号：278912）示：胸、腰椎骨质增生，腰5椎体以上脊柱向前滑脱，腰4、5椎体棘突挫伤、水肿，腰4椎体峡部不规则高信号影，腰3—骶1椎间盘变性，腰3/4椎间盘膨出，腰4/5、腰5/骶1椎间盘向后突出，腰4/5椎管狭窄。××市中心医院林××2015年×月××日X线片（片号：1924268）示：腰5椎体滑脱椎弓根钉内固定、减压+椎间融合术后，腰5、骶1椎体内固定在位，无松脱断裂。

四是法医学活体检查所见事实。"头颅五官无畸形，胸廓无畸形及压痛。腰围固定在位，腰骶部正中见一14.0cm纵行手术瘢痕。脊柱生理弯曲存在，腰4、5椎体处轻压痛，腰部活动功能部分受限，经测量和计算其腰部活动功能丧失达29.5%。四肢感觉、活动无异常，肌力、肌张力正常。余检未见其他明显异常。"

在列举上述事实的同时，法医对被鉴定人林××损伤的部位、性质及其原因等的关键事实，进行了详尽的分析说明和理由论证，据此得出"被鉴定人林××目前腰部功能障碍构成Ⅸ级伤残（九级伤残）。被鉴定人林××腰5椎体滑脱并腰4椎体峡部骨折致腰部活动功能障碍，损伤与2015年×月×日交通事故存在直接因果关系。被鉴定人林××本次损伤后果主要由交通事故造成，骨质增生、椎间盘退行性变仅为次要因素，建议交通事故所造成的损伤参与度为61%～90%"的鉴定意见。

例证证明，即例证法，也叫举例论证，是列出观点后举出具体事实论据证明观点的论证方法。例证法在鉴定意见书中用得最多最广。它也是卓有成效的一种推理方法。因为任何观点都不能孤立存在，而事实胜于雄辩，事实最具说服力。列举确实、充分、有代表性的事实，能够增强论述的力量和说服力。事实论据是对客观事物的真实的描述和概括，具有直接现实性的特性，因此，它是证明论点的最有说服力的论据。

运用例证法，应做到以下三点：

（1）论据与说理相结合。要注意不能只把例子摆在论点后，而不去揭示论点与论据之间的内在联系。不加以充分的分析和说理，就不能把观点阐述清楚，鉴定意见书就会变得简单化，缺乏内在的逻辑力量。摆出事实后，需要讲道理。

（2）明确论据选择的要求。其一，论据要为论点而设，要确实能证明观点。每份鉴定材料最能证明的“点”是什么，这是鉴定人最应思考研究的。其二，论据要准确可靠，鉴定意见书所用的论据，如为事实论据，那么应是确实无误的；如果是道理论据，应该是被实践证明了的真理，引用时要注意正确理解原文的精神实质。其三，论据一定要真实而有典型性，否则就无法说明问题。所谓典型，是指那些有代表性、能反映出鉴定案件本质的鉴定材料，这样的鉴定材料更具有说服力。

（3）掌握论据运用的要求。选用鉴定材料时应根据不同的论点有所侧重。我们选用的鉴定材料往往是多义的，或者说鉴定材料的主旨总是由多个意义点构成的，这样的鉴定材料可以论证不同的观点，那么我们用它论证观点时就必须对鉴定材料进行分析，从鉴定材料中找出切入点，把事例与论点内在的逻辑关系揭示出来，使鉴定材料与观点结合在一起，使之高度统一。如果是多个鉴定材料论证论点，则必须对掌握的鉴定材料进行筛选辨析，区别不同鉴定材料所蕴含的要旨的细微差异。

4. 比较证明

鉴定案件实例

文书鉴定案

200×年××月××日，××县人民法院委托××××××

司法鉴定所对署期为“2005. 12. 5”的“收条”上文字内容是否同一时间书写形成，其上的“麻”“花”“拾”“1”是否添加、变造形成进行鉴定。

一、检案摘要：据委托材料介绍，原告吕××诉被告廖××债务纠纷一案，原告对被告提供的“收条”上的书写文字内容有争议，要求进行司法鉴定。

二、检验过程：1. 鉴定方法：采用变造文件检验方法，笔迹历时特征检验方法进行鉴定。2. 仪器设备：Regula 文检仪、ZEISS V8 高级体视显微镜。检材书写文字均为黑色墨水硬笔书写，整篇文字内容的行文布局、书写方式、运笔速度以及笔迹历时特征清晰，具备鉴定条件。将上述需检内容进行检验发现：检材中“收条 今收到廖××603 石材款人民币（14 000. 00 元）壹万肆仟元整，收款人：2005. 12. 5”与“麻”“花”“拾”“1”的墨迹洇散程度、笔道痕迹、笔迹历时特征等存在差异。前者书写主文内容文字连笔，文字布局协调，书写方式、运笔速度同纸张面积的墨迹洇散程度反映一致；后者书写文字牵强，与前者的主文布局不协调，书写技能、动作有变化，同纸张面积的墨迹洇散程度等特征不相符。

三、分析说明：检材中发现的主文内容文字前者与后者书写文字出现的多种特征差异说明，前者主文书写为同时次书写，无伪装，后者则在书写“收条”终止后添加书写，两者书写的时次不同，且后者添加的文字有故意连接主文、同时次的动作特点，存在文件局部变造的书写形成。

四、鉴定意见：1. 署期为“2005. 12. 5”的“收条”上文字内容不是同一时间书写形成。2. 署期为“2005. 12. 5”的“收条”上的“麻”“花”“拾”“1”是在“收条”书写终止后添加变造的。

逻辑分析

司法鉴定意见书“分析说明”部分“检材中发现的主文内容

文字前者与后者书写文字出现的多种特征差异说明，前者主文书写为同时次书写，无伪装，后者则在书写“收条”终止后添加书写，两者书写的时次不同，且后者添加的文字有故意连接主文、同时次的动作特点，存在文件局部变造的书写形成。”并据此作出的“1. 署期“2005. 12. 5”的“收条”上文字内容不是同一时间书写形成。2. 署期为“2005. 12. 5”的“收条”上的“麻”“花”“拾”“1”是在“收条”书写终止后添加变造的”鉴定意见的证明方法，就是运用了比较证明法。

比较是确定两个或者两类事物的共同点和差异点的逻辑方法，通过比较，既可以认识对象之间的相似，也可以了解对象之间的差异，从而为进一步的科学分类提供基础。运用比较方法，重要的是在表面上差异极大的对象中识“同”，或在表面上相同或相似的对象中辨“异”。

认识客观事物不仅要看到它们的相同点，还要看到它们的差异点。掌握了客观事物的相同点和差异点，就能更好地认识客观事物。认识相同点和差异点是通过比较实现的。没有比较，就没有鉴别。运用比较推理的形式来证明论题的真实性，叫作比较证明。

司法鉴定活动中运用比较法，就是将收集到的鉴定材料所反映的情况与相应鉴定案件的客观事实，以及有关的科学知识、有关客观事物存在的属性进行对照，确定其相同和不同处。其中，最有意义的是对两个对象进行同一认定的比对法。

《最高人民法院关于适用〈中华人民共和国刑事诉讼法〉的解释》（法释〔2012〕21 号）第六十九条规定，对物证、书证应当重点审查的五项内容中，其中就包括审查“对现场遗留的与犯罪有关的具备鉴定条件的血迹、体液、毛发、指纹等生物样本、痕迹、物品，是否已作 DNA 鉴定、指纹鉴定等，并与被告人或者被害人的相应生物检材、生物特征、物品等比对”。

司法鉴定中，认定客体是否同一的基本方法就是比对法，也是任何同一认定鉴定都必须采用的一种特殊证明方法。最常见的就是被寻找客体反映形象与受审查客体反映形象的比对，也即检材和样本的比对。也有对被寻找客体的直接比对（仅适用于对断离物或分离物的鉴定），还有对被寻找客体反映形象（检材）的单独比较。

被认定客体是指鉴定中作为间接比较对象的实体，是直接指向的人身、物体或其他被鉴定的物质，包括被寻找客体和受审查客体两个方面。如在枪杀案件现场的弹头、弹壳上遗留有射击痕迹的枪支与侦查中发现的可疑枪支，它们都是被认定同一客体。

被寻找客体是指与案件中某一事实确实有关的人身或物体，是鉴定所要确定的目标。如杀人凶器上遗留血指印的人的手指等。

受审查客体是指在案件的鉴定过程中，暂时被怀疑与鉴定案件有关的人或物。鉴定以被寻找客体为依据，以受审查客体为比较的对象。

在司法鉴定实践中，法医物证鉴定、文书鉴定、痕迹鉴定和微量鉴定、声像资料鉴定等，多在检材和样本之间进行。案件事实真相通常都是通过运用比对推理的形式来证明的。常用的具体比对方法如下：

（1）对照比对法。是指按照一定的顺序，将分别检验中确定的检材和样本的特征，依次进行比较。在比对时，除了注意比对单个特征的形态、方位以外，还要注意特征与特征之间的搭配、比例、角度等的相互关系。

（2）重叠比对法。是指将检材和样本的特征对应套叠后，观察二者的所有特征的大小、长短、宽窄，以及特征的位置和相互关系等是否完全重合，从而判定二者特征异同的方法，通常应用于静态印压痕迹的同一认定中，如印章印文鉴定、牙印鉴定、指纹鉴定等。

（3）结合比对法。是指分别将检材和样本按一定的方式作对应分割后交叉拼合，然后观察二者拼合边缘线各部分的图文、线条是否吻合一致，从而比较二者特征异同的方法，通常应用于动态线形痕迹的同一性认定中，如枪弹痕迹中弹头的膛线痕迹鉴定、工具痕迹中的擦刮痕迹鉴定等。只要检材和样本的线形特征在同一视野下大部分能够连贯拼合，就可以认定二者同一。

（4）测量比对法。是指使用直尺、三角板、分规、圆规等测量工具或软件对于一些需要测量的特征数值进行测量。需要测量的数值包括单个特征形态的长度、弧度、高度等量值、特征与特征的距离、角度等位置与其搭配关系。通过对这些量值的具体测量，比较检材和样本的对应数值，也可以作为得出鉴定结论的依据。

（5）几何构图比对法。是指将检材和样本的特征分别按照一定顺序，用尺规作图的方法连成一定的几何图案，然后比较两种图案间的异同。

（6）统计分析比对法。是指运用统计学的原理和方法，对检材和样本字迹笔迹特征的异同情况、变化范围、符合程度等进行统计分析。

例如，前述死亡原因鉴定的司法鉴定意见书中，“头部损伤分析：死者左额颞颧部擦挫伤，左耳郭擦挫伤，耳郭外上缘少部分缺失，以上损伤均具有生活反应，根据损伤形态，结合粤×7B21车辆检验照片见底盘有多处血迹和擦蹭痕迹及死者衣服多处挫裂分析，符合被该车拖刮时与地面接触形成，车辆撞击不能形成；左顶枕部挫裂创，颅骨类圆形孔状骨折、缺失，相应部位硬脑膜完整，可由较短的类圆柱状物体形成，结合粤×7B21车辆检验照片所见，其应系该车底盘的螺母撞击形成。类圆形孔状骨折附近的枕顶骨骨折，头皮下出血不明显，非摔跌形成，符合与类圆形孔状骨折一次形成”等事实认定的证明方法，就是运用了比对证明法。

论证的方式是一种艺术，不同的人用同一论据证明同一论题，可以因水平高低而显优劣。司法鉴定意见书质量的高低多取决于此。

（二）论证方式的规则

论证方式的规则只有一条，即论证方式必须合乎逻辑规律。遵守逻辑思维的基本规律，是正确思维的必要条件。人的正确思维，必须是确定的、首尾一贯的、明确的和有充分根据的。具备这些条件，虽不能说就是符合客观实际的思维，但是不具备这些条件，必然是不正确的思维，必然是不能为人们所理解的思维。

逻辑思维的基本规律包括同一律、不矛盾律、排中律、充足理由律四种。

1. 同一律

（1）内容。同一个思维过程中，任何一个思维对象、概念及判断必须保持同一。在一个思维过程中，概念必须保持确定、同一、前后一致。同一律的公式即“A 就是 A”。就是说，在同一思维过程中，所使用的每一概念或判断都有其确定的内容，而不能任意变换。

同一律在思维或论证过程中的主要意义在于保证思维的确定性。而只有具有确定性的思维才可能是正确的思维，才能正确地反映客观世界，人们也才能进行思想交流。否则，如果自觉或不自觉地违反同一律的逻辑要求，混淆概念或偷换概念、混淆论题或偷换论题，那就必然会使思维含混不清、不合逻辑，既不能正确地组织思想，也不能正确地表达思想。因此，遵守同一律的逻辑要求是正确思维的必要条件。

（2）要求。同一个思维过程中，概念都要确定，并保持自身的同一，不得随意变更。即在同一思维过程（同一思考、同一表述、同一论辩）中，在什么意义上使用某概念，就应自始至终在这个唯一确定的意义上使用这个概念；要讨论什么论题，就应讨论什么论题，不能偏题、跑题，不能在论辩某个论题的名义下实际论辩别的论题。

（3）违反同一律常见的逻辑错误。

①混淆概念或偷换概念。把两个不同的概念混淆起来，并用一个概念代替已经使用的另一个概念。表现为一是随表达需要而

随意变更概念的内涵和外延，二是将同一词语在不同语境中表达的不同概念混为一谈。

混淆或偷换论题是在论证中常见的一种逻辑错误。这种错误是在论证过程中把两个不同的论题（判断或命题）这样或那样地混淆或等同起来，从而用一个论题去代换原来所论证的论题。

命题是指一个判断（陈述）的语义（实际表达的概念）。命题不是判断（陈述）本身，而是所表达的语义。

②转移论题或偷换论题。在同一思维过程中，改变原来的断定内容，或者用另一断定内容代替之。具体表现为两个方面：一是在思维中，用一个与原来相似但不同的命题代替原来的待断定命题；二是在思考或论辩问题时，没有中心论题或者远离中心论题。

同一律的公式中，A 可以是一个概念，也可以是一个判断。如果把 A 代成一个概念应是“轻伤”就是“轻伤”；把 A 代成一个判断应是“轻伤使人肢体或者容貌损害，听觉、视觉或者其他器官功能部分障碍，或者使人身健康有中度伤害的损伤”就是“轻伤使人肢体或者容貌损害，听觉、视觉或者其他器官功能部分障碍，或者使人身健康有中度伤害的损伤”。在这两个例子里，“轻伤”这个概念所表述的对象和“轻伤使人肢体或者容貌损害，听觉、视觉或者其他器官功能部分障碍，或者使人身健康有中度伤害的损伤”这个判断所表达的思想，在含义上应该前后如一。如果前后不一，则违反了同一律。

例如，一起损伤原因鉴定的司法鉴定意见书中存在的不足：一是对被鉴定人年龄的表述不一致：“检验过程”部分表述为“陈××，男，50 岁”，而在“分析说明”部分表述却为“本例伤者系 52 岁男性”。二是对 X 片的内容所使用的概念不一致：“法医活体检验”部分使用的概念为“复阅被检者所提供的 X 片：内踝骨折、外踝斜形骨折，距骨骨折伴半脱位”，而在“分析说明”部分使用的概念为“复阅当地医院的 X 片明确认为：左腓骨下段斜形骨折，其近折端向内移位，左内踝骨折及距骨骨折、移位，其骨质密度未见明显异常”，这就违反了同一律。

同一律在制作司法鉴定意见书中的意义：一是鉴定意见书所使用的概念和判断必须含义清楚明确，应与鉴定标准、技术规范保持一致；表述有关被鉴定对象的自然情况，以及叙述鉴定材料涉及的地名、人名、时间、数字等所用的概念，都必须前后一贯。二是鉴定意见书所叙述的事实不得与鉴定材料中的勘验、检查笔录及相关照片等其他证据相矛盾。三是鉴定意见书的语言在意思表达上必须准确无误、解释清晰、语意单一，排除歧义。无论是反映案件事实，还是阐述理由，都必须做到“如实”二字，即如实地反映事实、如实地说明理由、如实地表述鉴定意见。总之，要符合同一律的原则。

2. *不矛盾律*

（1）内容。在同一个思维过程中，一个命题不可能既是真的又是假的。换句话说，如果一命题为真，那么与之矛盾或反对的命题则必为假。不矛盾律公式是“并非（A 而且非 A）”。

公式中的“A”表示任一命题，“非 A”表示与 A 具有矛盾关系或反对关系的命题。因此，“并非（A 而且非 A）”是说：A 和非 A 这两个命题不能同真，亦即其中必有一个命题是假的。

（2）要求。不矛盾律的主要作用在于保证思维的无矛盾性即首尾一贯性。而保持思想的前后一贯性，是正确思维的一个必要条件。对两个互相矛盾或互相反对的判断不能都肯定，必须否定其中的一个。否则，会犯“自相矛盾”的错误。

（3）违反不矛盾律常见的逻辑错误。

①自相矛盾。同时肯定了互相矛盾的命题。

②悖论。如一种特殊的逻辑矛盾，即通过一个命题的真，可以推假，而通过它的假，又可推真。

如果对被害人死亡原因进行鉴定，既断定“自然死亡”，同时又断定“非自然死亡”，是不能同真。

例如，一起伤病关系鉴定的司法鉴定意见书中在“分析说明”部分认定“根据病历记录及检验所见，被鉴定人谭××在

2016 年 × 月 × 日外伤中所致的损伤主要为左颞部少量硬膜下出血，右侧尾状核头部外伤性脑梗塞，全身多处软组织挫擦伤，骶 2 椎体骨折，颈椎间盘突出”，却作出“现有材料不能证明被鉴定人谭 × × 的颈椎间盘突出症与 2016 年 × 月 × 日的交通事故存在直接因果关系”的鉴定意见。这就违反了不矛盾律。

凡是自相矛盾的思想都是不矛盾律所不允许的。严格遵守不矛盾律，是最大限度地保证司法鉴定活动的严密性和准确性的基本前提。

不矛盾律在制作司法鉴定意见书中的意义：鉴定意见作为刑事、民事、行政等诉讼法规定的八种证明案件事实的法定证据之一，应该是内容前后一贯、论点清楚、逻辑严密的。如果鉴定意见书出现自相矛盾，就会受到质疑，甚至影响到鉴定意见的证明力。

3. 排中律

（1）内容。同一个思维过程中，两个相互矛盾的思想不能同假，必有一真。排中律的公式是“A 或者非 A”。排中律的主要作用在于保证思想的明确性，而思维的明确性也是正确思维的一个必要条件。

（2）要求。对于两个互相矛盾的判断，必须明确地肯定其中之一是真的，不能对两者同时都加以否定。对于两个互相矛盾的命题，如果有人既不承认前者是真的，又不承认后者是真的，或者说，如果有人既认为前者是假的，又认为后者也是假的，那么此人的思想就陷入了我们习惯所说的“模棱两可”之中（实际上应该叫作“模棱两不可”）。所谓模棱两可，就是在两个互相矛盾的命题之间，回避作出明确的选择，不作明确肯定的回答，既不肯定，也不否定。模棱两可是一种常见的违反排中律要求的逻辑错误。

排中律是建立在这样一个客观事物的基础之上的，即在一定发展阶段上事物或者具有某一属性，或者不具有某一属性。排中律也不允许那种在其中必有一真的两个判断面前含糊其辞、模棱两可。

例如，前述死亡原因鉴定的司法鉴定意见书中“胸腹部损伤分析：死者胸腹腰背部大面积挫擦伤，不具有撞击伤特征，符合与地面拖擦形成；胸廓塌陷，双侧肋骨多发骨折，胸椎横断骨折，右心房挫伤，右肺上叶破裂，胸腔积血，脾脏破裂，腹腔积血，结合粤×26J×车型及与摩托车碰撞部位、粤×42×L轻型货车车厢痕迹分析，两车均不能形成，根据粤×7B21车辆底盘多处擦蹭痕迹，应系该车拖刮死者时，死者与车辆底盘挤压、撞击形成”等事实的认定，就是遵守了排中律。

排中律在制作司法鉴定意见书中的意义：在分析说明鉴定案情、作出鉴定结论时，必须做到严格准确地依照鉴定标准作出明确的判断，或者是，或者不是，或者同一，或者不同一，不能模棱两可、含糊其辞，要符合排中律规则。

4. 充足理由律

充足理由律，是指同一思维和论证过程中，一个思想被确定为真时，总是有充足的理由的。

充足理由律的逻辑要求主要有两条：一是理由必须真实；二是理由与推断之间要有逻辑联系，即从理由能必然地推出结论为真。

例如，在笔迹鉴定中要证明“否定同一”为真，必须提出以下理由：①检材与样本字迹存在足够数量的差异特征，且差异特征总和的价值充分反映了不同人的书写习惯；②检材与样本字迹没有本质的符合特征；③检材与样本字迹相同或相似笔迹特征能得到合理的解释。这三点理由是真实的，又可以从中必然地推出“检材字迹……不是某人所写”这一论断是真实的，因此，这三点理由就是充足理由。

从上面的例子可以看出，充足理由律有如下特征：一是论断只有提出充足理由才是可信的；二是作为充足理由判断自身必须是真实的；三是理由与论断之间有必然的逻辑联系，即从理由能够必然地推出所要论证的论断。

在司法鉴定活动中，能够充当充足理由的真判断主要包括：①科学中的公理、定义；②用经验方法确定为真的判断；③利用其他真判断证明为真的判断；④法律、法规、鉴定标准。

充足理由律是客观事物间因果联系的反映。一切事物都有一个成因，这个成因决定了这个事物为什么会存在，为什么它是真实的，为什么它是这个样子而不是另外的样子。人们认识了这个成因，也就认识了这个事物，也就可以改变这个事物。事物这种客观联系，在人类长期实践中，经过亿万次的重复，在思维活动中就成为充足理由律。

人们的思维尽管根据同一律、不矛盾律和排中律是确定的、前后一贯的、明确的，但论断不能单独断定为真，还必须要有充分的根据予以证明。没有证明的思维不能算是真正正确的思维，所以充足理由律也是正确思维的一个必要条件。

充足理由律虽然并没有提出每一个具体论断的充足理由到底是什么，但它向人们指出，任何可靠、可信的论断，都必须有它的充足理由，所以它的意义还是相当重大的。

充足理由律在制作司法鉴定意见书中的特殊意义：司法鉴定是一门讲证据的科学，也是一门讲充足理由的科学。从受理鉴定、实施鉴定到作出鉴定结论，每一个环节都要求有充分的证据。没有充分的证据，所作的结论便不能成立。因此，对鉴定材料中涉及物证、书证的来源、收集程序有疑问，不能作出合理解释的，该物证、书证便不能作为鉴定证据使用；鉴定材料中涉及证人的猜测性、评论性、推断性的证言，不能作为鉴定证据使用。

最高人民法院、最高人民检察院、公安部、国家安全部、司法部《关于办理死刑案件审查判断证据若干问题的规定》（法发〔2010〕20 号）第五条：“办理死刑案件，对被告人犯罪事实的认定，必须达到证据确实、充分。证据确实、充分是指：……（五）根据证据认定案件事实的过程符合逻辑和经验规则，由证据得出的结论为唯一结论。”

可见，“符合逻辑和经验规则”在证明活动中具有不可替代的特殊作用。

综上所述，逻辑规律中的同一律、不矛盾律、排中律、充足理由律，为制作形成具有客观性、有效性的司法鉴定意见书，从而被采信为定案的根据划清了界限，提供了标准。

单元五

补正司法鉴定意见的逻辑特征

鉴定案件实例

人体伤残鉴定案

×省××司法鉴定机构对一名因交通事故受伤者进行伤残评定，15天后出具了伤残评定书。在该伤残评定书的落款内容中，既没有写明文书的制作日期，也没有加盖司法鉴定机构的司法鉴定专用章。当事人以该司法鉴定机构出具的伤残评定书违反《司法鉴定程序通则》为由提起诉讼。

审理该案的一审法院在民事裁定书中认为："该司法鉴定机构在伤残评定书中没有写明文书的制作日期以及没有加盖司法鉴定机构的司法鉴定专用章，违反了《司法鉴定程序通则》，其出具的伤残评定书不能作为本案证据使用。"

2015年12月24日，司法部部务会议通过的《通则》授予司法鉴定机构对司法鉴定意见书采取补正措施的权力。专设一条规定了补正司法鉴定意见书的适用情形、形式和要求。

《通则》第四十一条："司法鉴定意见书出具后，发现有下列情形之一的，司法鉴定机构可以进行补正：（一）图像、谱图、表格不清晰的；（二）签名、盖章或者编号不符合制作要求的；（三）文字表达有瑕疵或者错别字，但不影响司法鉴定意见的。补正应当在原司法鉴定意见书上进行，由至少一名司法鉴定人在补正处签名。必要时，可以出具补正书。对司法鉴定意见书进行补正，不得改变司法鉴定意见的原意。"

补正是指对鉴定意见书中存在的非实质性瑕疵进行补救。补正既是一种程序，也是一种事后补救措施，一经出具补正书，与司法鉴定意见书具有同等的证据效力。

一、补正司法鉴定意见书的三种情形

（1）图像、谱图、表格不清晰的。属于对鉴定文书附件材料的补正。

（2）签名、盖章或者编号不符合制作要求的。属于对鉴定文书结构内容的补正。

（3）文字表达有瑕疵或者错别字，但不影响司法鉴定意见的。属于对鉴定文书结构内容的补正。

“文字表达有瑕疵”，瑕疵即微小的错误。在鉴定案件中，是指司法鉴定意见书在文字表达中的小的缺陷。

“错别字”，属于笔误，一般是在鉴定文书误写、误算等主观上不愿为而客观上却发生的一种情形。

司法鉴定意见书中的“文字表达有瑕疵”“错别字”等，实质上涉及有关被鉴定对象的自然情况，以及叙述鉴定材料涉及的地名、人名、时间、数字等所用的概念，前后不一致，出现表述上的矛盾。例如一份人体损伤原因司法鉴定意见书：在“文证资料摘要”中对被鉴定人年龄表述为“陈××，男，50岁”，而在“分析说明”中对被鉴定人年龄却表述为“本例伤者系52岁男性”。这样的矛盾错误就需要出具补正书。

补正，实质上是对司法鉴定意见书中的瑕疵进行符合常理及逻辑的补救。

二、司法鉴定意见书存在瑕疵的后果

（1）刑事诉讼中，司法鉴定意见书缺少签名、盖章的，不得作为定案的根据。

（2）民事、行政诉讼中，司法鉴定意见书缺少鉴定人及鉴定部门签名盖章的，人民法院可以要求鉴定部门予以说明、补充鉴定或者重新鉴定。

（3）在诉讼过程中，当事人会以司法鉴定意见书有瑕疵为由要求司法鉴定人出庭作证。

三、补正司法鉴定意见书的形式

（1）在原司法鉴定意见书上进行补正。

（2）出具司法鉴定意见补正书。

司法鉴定意见书已经送达委托人，委托人或者鉴定机构发现已送达的鉴定意见书中存在需要进行补正的情形时出具补正书。

四、补正司法鉴定意见书的要求

（1）在原司法鉴定意见书上进行补正的，由至少一名司法鉴定人在补正处签名。适用的情形：

对鉴定人没有签名、鉴定机构没加盖司法鉴定专用章或者少加盖司法鉴定专用章的，在原司法鉴定意见书上进行补正签名、加盖鉴定机构司法鉴定专用章。

（2）在必要的时候，出具书面的司法鉴定意见补正书。适用的情形：

①对属于附件中的“图像、谱图、表格不清晰”进行更换时，出具书面的司法鉴定意见补正书。

②对属于鉴定文书结构内容中的“签名、盖章或者编号不符合制作要求”进行补正时，出具书面的司法鉴定意见补正书。

③对属于鉴定文书结构内容中的“文字表达有瑕疵或者错别字”进行更正时，出具书面的司法鉴定意见补正书。

（3）对司法鉴定意见书进行补正时不得改变司法鉴定意见的原意。

五、司法鉴定意见补正书制作

司法鉴定意见补正书，是司法鉴定机构和司法鉴定人发现有需要补正的情形后出具的补正文书，包括标题、编号、补正的鉴定书编号、需要补正的情形、补正的依据、补正的事项、落款等内容。制作司法鉴定意见补正书应符合下列规范和要求：

（1）标题。写明司法鉴定机构的名称和司法鉴定意见补正书，如司法鉴定中心（所）司法鉴定意见补正书。

（2）编号。写明司法鉴定机构缩略名、年份、专业缩略语、文书性质缩略语及序号。如“鉴（　）补正字〔20××年〕×号”。

（3）补正的鉴定事项和鉴定书编号。如“本司法鉴定中心（所）于××年×月×日，对陈××损伤程度鉴定出具的××司法鉴定中心〔20××年〕×鉴字第×号司法鉴定意见书中……”。

（4）需要补正的情形。如因存在图像、谱图、表格不清晰，签名、盖章或者编号不符合制作要求，文字表达有瑕疵或者错别字，但不影响司法鉴定意见的情形，应予补正。

（5）补正的依据。写明“依照《司法鉴定程序通则》第四十一条之规定，现补正如下”。

（6）补正事项的具体内容。如：

第四页倒数第十四行至十五行的“被鉴定人陈××，男，50岁”，应补正为“被鉴定人陈××，男，52岁”。

第九页第十四、十五行中的“复阅当地医院的X片”，应补正为“复阅被鉴定人所提供的X片”。

（7）落款。由司法鉴定人签名，并写明司法鉴定人的执业证号，同时加盖司法鉴定机构的司法鉴定专用章，并注明文书制作日期。

在正文每页页眉的右上角注明正文共几页，同时注明本页是第几页。

司法鉴定意见补正书一式四份，三份交委托人收执，一份由司法鉴定机构存档。

六、参考文本样式

×××司法鉴定中心（所）
司法鉴定意见补正书

鉴（　　）补正字〔20××年〕×号

本司法鉴定中心（所）于20××年×月×日，对（写明鉴定事项名称）出具的（写明鉴定书号）司法鉴定意见书中，因存在图像、谱图、表格不清晰，签名、盖章或者编号不符合制作要求，文字表达有瑕疵或者错别字的情形，应予补正，依照《司法鉴定程序通则》第四十一条之规定，现补正如下：

（写明司法鉴定意见中需要补正事项的具体内容）。

一、

二、

三、

司法鉴定人签名：
司法鉴定人执业证证号：

司法鉴定人签名：
司法鉴定人执业证证号：

司法鉴定机构
司法鉴定专用章

年　月　日

单元六

鉴定人出庭作证的逻辑特征

项目一

鉴定人出庭作证的法律要求

《中华人民共和国刑事诉讼法》第一百八十七条第三款："公诉人、当事人或者辩护人、诉讼代理人对鉴定意见有异议，人民法院认为鉴定人有必要出庭的，鉴定人应当出庭作证。"《中华人民共和国民事诉讼法》第七十八条："当事人对鉴定意见有异议或者人民法院认为鉴定人有必要出庭的，鉴定人应当出庭作证。"

司法鉴定人出庭作证，是指在案件开庭审理过程中，对案件专门性问题进行鉴定的司法鉴定人出席法庭，以口头言辞的形式就有关鉴定的情况向法庭作如实的陈述，并接受当事人双方的质询和法官的询问。

作为证据的种类之一，鉴定意见只有经当庭出示、质证等法庭调查程序查证属实，才能作为定案的根据。而在这一过程中，通知鉴定人出庭，有利于鉴定人增强责任意识，避免提供鉴定意见的随意性；而且，通过公诉人、当事人和辩护人、诉讼代理人对鉴定人的交叉询问，保障诉讼参与主体的质证权，是审判公正的需要，是维护司法公正的必然要求。

一、鉴定人出庭作证的法定情形

（一）刑事诉讼中鉴定人出庭作证的法定情形

1. 法定情形两种

（1）对鉴定意见有异议。

"有异议"是指鉴定意见书存在下列情形：一是鉴定机构或

者鉴定人员不具备相关的鉴定资格；二是鉴定程序严重违法；三是采用的技术方法、仪器设备和鉴定材料不可靠；四是鉴定意见明显依据不足。

（2）人民法院认为鉴定人有必要出庭。

“有必要出庭”是指鉴定意见对定罪量刑或者对认定案件事实有重大影响时，依法通知鉴定人出庭作证。

2. 对鉴定意见提出异议的法定主体四种

（1）公诉人（检察机关）。

（2）当事人（包括被害人、犯罪嫌疑人、被告人）。

（3）辩护人（主要是律师）。

（4）诉讼代理人［包括被害人及其法定代理人（无诉讼行为能力人的监护人）或者近亲属］。

（二）民事诉讼中鉴定人出庭作证的法定情形

（1）法定情形两种：一是对鉴定意见有异议；二是人民法院认为有必要出庭。

（2）对鉴定意见提出异议的法定主体一种：当事人。包括参加民事、行政诉讼活动的公民、法人单位（机关、事业单位）和其他组织（社会团体及企业组织）。

二、鉴定人拒不出庭作证的法律后果

（一）刑事诉讼中鉴定人拒不出庭作证的两种法律后果

依照《中华人民共和国刑事诉讼法》第一百八十七条第三款、《全国人大常委会关于司法鉴定管理问题的决定》十三项的规定：

（1）经人民法院通知，鉴定人拒不出庭作证的，鉴定意见不得作为定案的根据。

（2）经人民法院依法通知，拒绝出庭作证的，由省级人民政府司法行政部门给予停止从事司法鉴定业务三个月以上一年以下的处罚；情节严重的，撤销登记。

（二）民事诉讼中鉴定人拒不出庭作证的三种法律后果

依照《中华人民共和国民事诉讼法》第七十八条、《全国人大常委会关于司法鉴定管理问题的决定》十三项和《司法鉴定人登记管理办法》第三十一条的规定：

（1）经人民法院通知，鉴定人拒不出庭作证的，鉴定意见不得作为认定事实的根据；支付鉴定费用的当事人可以要求返还鉴定费用。

（2）经人民法院依法通知，拒绝出庭作证的，由省级人民政府司法行政部门给予停止从事司法鉴定业务三个月以上一年以下的处罚；情节严重的，撤销登记。

（3）司法鉴定人在执业活动中，因故意或者重大过失行为给当事人造成损失的，其所在的司法鉴定机构依法承担赔偿责任后，可以向有过错行为的司法鉴定人追偿。

三、人民法院审查与判断司法鉴定意见的主要内容及排除规则

（一）刑事诉讼中人民法院审查与判断司法鉴定意见的主要内容及排除规则

1. 人民法院审查与判断司法鉴定意见的主要内容

依照《最高人民法院关于适用〈中华人民共和国刑事诉讼法〉的解释》（法释〔2012〕21号）第八十四条规定，人民法院对鉴定意见着重审查以下十项内容：

（1）鉴定机构和鉴定人是否具有法定资质。

（2）鉴定人是否存在应当回避的情形。

（3）检材的来源、取得、保管、送检是否符合法律、有关规定，与相关提取笔录、扣押物品清单等记载的内容是否相符，检材是否充足、可靠。

（4）鉴定意见的形式要件是否完备，是否注明提起鉴定的事

由、鉴定委托人、鉴定机构、鉴定要求、鉴定过程、鉴定方法、鉴定日期等相关内容，是否由鉴定机构加盖司法鉴定专用章并由鉴定人签名、盖章。

（5）鉴定程序是否符合法律、有关规定。主要涉及四个方面：一是司法鉴定程序的启动；二是鉴定人的选派；三是鉴定人依法鉴定；四是补充鉴定或者重新鉴定的程序。

（6）鉴定的过程和方法是否符合相关专业的规范要求。

（7）鉴定意见是否明确。

（8）鉴定意见与案件待证事实有无关联。

（9）鉴定意见与勘验、检查笔录及相关照片等其他证据是否矛盾。

（10）鉴定意见是否依法及时告知相关人员，当事人对鉴定意见有无异议。

2. 人民法院对司法鉴定意见的排除规则

依照《最高人民法院关于适用〈中华人民共和国刑事诉讼法〉的解释》第八十五条规定，鉴定意见具有下列九种情形之一的，不得作为定案的根据：

（1）鉴定机构不具备法定资质，或者鉴定事项超出该鉴定机构业务范围、技术条件的。

（2）鉴定人不具备法定资质，不具有相关专业技术或者职称，或者违反回避规定的。

（3）送检材料、样本来源不明，或者因污染不具备鉴定条件的。

（4）鉴定对象与送检材料、样本不一致的。

（5）鉴定程序违反规定的。

（6）鉴定过程和方法不符合相关专业的规范要求的。

（7）鉴定文书缺少签名、盖章的。

（8）鉴定意见与案件待证事实没有关联的。

（9）违反有关规定的其他情形。主要是指经人民法院通知，鉴定人拒不出庭作证的，鉴定意见不得作为定案的根据。

（二）民事诉讼、行政诉讼中人民法院审查与判断司法鉴定意见的主要内容及排除规则

1. 人民法院审查与判断司法鉴定意见的主要内容

依照《最高人民法院关于民事诉讼证据的若干规定》（法释〔2001〕33号）第二十九条、《最高人民法院关于行政诉讼证据若干问题的规定》（法释〔2002〕21号）第三十二条规定，人民法院主要审查司法鉴定意见书是否具有下列七项内容：

（1）委托人姓名或者名称、委托鉴定的内容。

（2）委托鉴定的材料。

（3）鉴定的依据及使用的科学技术手段。

（4）对鉴定过程的说明。

（5）明确的鉴定意见。

（6）对鉴定人鉴定资格的说明。

（7）鉴定人员及鉴定机构签名盖章。

2. 人民法院对司法鉴定意见的排除规则

依照《最高人民法院关于民事诉讼证据的若干规定》第二十七条、《最高人民法院关于行政诉讼证据若干问题的规定》第六十二条规定，人民法院对司法鉴定意见的排除规则主要有：

（1）对有缺陷的鉴定意见，可以通过补充鉴定、重新质证或者补充质证等方法解决。

（2）对鉴定人不具备鉴定资格；鉴定程序严重违法；鉴定意见错误、不明确或者内容不完整的鉴定意见，人民法院不予采纳。

项目二

出庭作证的准备工作

一、鉴定机构的准备工作

依照《司法鉴定程序通则》第四十四条、第四十五条规定：

（1）司法鉴定机构接到出庭通知后，应当及时与人民法院确认司法鉴定人出庭的时间、地点、人数、费用、要求等。

（2）司法鉴定机构应当支持司法鉴定人出庭作证，为司法鉴定人依法出庭提供必要条件。

二、鉴定人的准备工作

（一）全面审阅鉴定案卷材料，熟悉鉴定案件情况

全面审阅鉴定案卷材料，熟悉鉴定案件情况，是出庭作证的基础，如司法鉴定意见书中涉及的送检材料、鉴定要求、检验过程、采取的技术规范和技术方法、鉴定意见和主要依据等。因此，必须对案卷材料进行认真细致的审阅，并将材料进行必要的梳理，了解并把握鉴定案件材料的内在联系，并从中理出眉目。只有在此基础上，才能出庭作证。鉴定案件情况包括三个方面：

1. 委托鉴定情况

(1) 委托鉴定类别、具体鉴定项目及鉴定要求。

(2) 鉴定对象（活体、尸体、物品、痕迹）情况。

(3) 委托人。个人委托的，主要了解委托人与鉴定对象之间的关系。

(4) 鉴定材料。办案机关委托的，着重了解是否为办案机关通过法定程序收集提供的，以及是否为原件（物）。个人委托的，着重了解是否为委托人自己所持有而提供的以及是否为原件(物)。核心是把握鉴定材料的来源。

如果是鉴定机构派人现场提取的鉴定材料，主要了解是否制作有“现场提取鉴定材料工作记录”“提取鉴定材料清单”。

2. 实施鉴定情况

(1) 同一鉴定事项以及复杂、疑难或者特殊鉴定事项司法鉴定人选择。

(2) 对无民事行为能力人或者限制民事行为能力人进行身体检查、被鉴定人进行法医精神病鉴定和尸体解剖等活动时，是否通知指定的人员到场见证，是否制作有工作记录并由见证人在记录上签名。

(3) 鉴定的技术标准、技术规范和技术方法，是否按照法定的顺序遵守和采用。

(4) 补充鉴定是否由原司法鉴定人进行，重新鉴定是否指定一名具有相关专业高级技术职称的司法鉴定人。

(5) 鉴定意见的复核情况：是否指定具有相应资质的人员对鉴定程序和鉴定意见进行复核；对于涉及复杂、疑难、特殊技术问题或者重新鉴定的鉴定事项，是否组织三名以上的专家进行复核。复核人员完成复核后，是否提出复核意见并签名。

3. 鉴定意见书内容结构

是否按照统一规定的文本格式制作司法鉴定意见书。

(1) 鉴定文书的落款。是否由鉴定人签名或者盖章，并写明鉴定人的执业证号。多人参加司法鉴定，对鉴定意见有不同意见的，是否已注明。

（2）鉴定文书是否同时加盖司法鉴定机构的司法鉴定专用章红印和钢印两种印模。在具体实施中，鉴定文书有以下三处需要加盖鉴定机构的鉴定专用章：

①鉴定文书正文标题下方编号处加盖司法鉴定机构的司法鉴定专用章钢印。

②鉴定文书各页之间加盖司法鉴定机构的司法鉴定专用章红印，作为骑缝章。

③鉴定文书制作日期处加盖司法鉴定机构的司法鉴定专用章红印。

（二）掌握鉴定意见书涉及内容

掌握司法鉴定意见书中涉及的有关法律、法规、技术标准、技术规范和技术方法等文件的内容。

（三）精心选配出庭作证人员

出庭作证是一场知识与能力的心力较量，精心选配出庭作证人员，是取得成功的关键。出庭作证人员的选配，应根据鉴定案件的具体情况决定：

（1）对于普通鉴定案件，由第一鉴定人或由鉴定组织指派一名鉴定人出庭作证。

（2）对案情重大、复杂、疑难的鉴定案件，应指派法律水平、业务素质较高的鉴定人出庭作证。其搭档应选配平时在鉴定工作中与之配合默契的鉴定人员。

（四）汇集相关规范性文件材料

有针对性地汇集鉴定事项涉及的相关规范性文件材料，以备出庭作证时展示。

1．证明鉴定资质方面的证件材料

一是鉴定机构的司法鉴定许可证；二是鉴定人的司法鉴定人执业证。

2．证明鉴定业务范围方面的规范性文件

如《司法鉴定执业分类规定（试行）》。

3．证明实施鉴定程序方面的规范性文件材料

（1）《司法鉴定程序通则》。重点把握涉及司法鉴定程序的启动、鉴定人的选派、鉴定人依法鉴定、补充鉴定或者重新鉴定的程序等方面的条文内容。

（2）受理诉讼活动中委托鉴定的证明材料：受理办案机关委托鉴定登记表、办案机关委托鉴定函件、接收鉴定材料清单。

（3）受理诉讼活动之外委托鉴定的证明材料：受理委托司法鉴定登记表、司法鉴定委托书、司法鉴定风险告知书、委托司法鉴定权利义务告知书、接收鉴定材料清单。

4．证明鉴定过程及其方法方面的文件材料

（1）涉及法医临床的鉴定：汇集法医临床鉴定技术规范。

（2）涉及法医病理的鉴定：汇集法医病理鉴定技术规范。

（3）涉及法医精神病的鉴定：汇集法医精神病鉴定技术规范。

（4）涉及法医物证的鉴定：汇集法医物证鉴定技术规范。

（5）涉及法医毒物的鉴定：汇集法医毒物鉴定技术规范。

（6）涉及物证类的鉴定：汇集物证类鉴定技术规范。

（7）涉及声像资料的鉴定：汇集声像资料鉴定技术规范。

5．证明司法鉴定意见书符合法定形式与内容及鉴定依据方面的规范性文件材料

（1）涉及鉴定意见书法定形式与内容的规范性文件：《司法鉴定文书规范》（司发通〔2007〕71号）、《亲子鉴定文书规范》（SF/Z JD 0105004—2015）。

（2）涉及人体损伤程度鉴定依据的规范性文件：《人体损伤程度鉴定标准》（司发通〔2013〕146号）。

（3）涉及道路交通事故受伤人员伤残鉴定依据的规范性文件：GB 18667—2002《道路交通事故受伤人员伤残评定》。

（4）涉及劳动能力鉴定、职工工伤与职业病致残等级鉴定依据的规范性文件：GB/T 16180—2014《劳动能力鉴定　职工工伤与职业病致残等级》。

此外的其他各鉴定项目中作为提出鉴定意见的依据的规范性文件必须汇集在案。如果是以司法鉴定技术规范作为提出鉴定意见依据的，可同时运用司法鉴定技术规范中涉及鉴定意见依据的内容来解答。

三、出庭作证的行为规范

（1）着装规范：着装整洁，不宜着便装。男士以着正装为宜；女士以着职业装为宜。

（2）举止规范：严格遵守法庭纪律，言行举止得体。

（3）语言规范：回答问题应说普通话，语言规范，不过多使用专业术语；口齿清楚，语气平和而果断，音量适中。

（4）内容规范：鉴定人在接受法庭质询中，回答问题的内容只限于与鉴定意见书中有关的内容。

项目二

鉴定人出庭作证的主要技巧

鉴定人在法庭作证中的发言，是对公诉人、当事人、辩护人、诉讼代理人等就司法鉴定意见提出异议的辩解，内容就是说明司法鉴定意见真实、合法。因此，必须熟练运用出庭作证的主要技巧，提高鉴定人出庭作证的水平。

一、庭前设题，有备无患

庭前设题，就是在全面审阅鉴定案卷材料、熟悉鉴定案件情况的基础上，参照人民法院审查鉴定意见的主要内容及排除的情形，结合司法鉴定意见书中记载的内容，就本案的有关问题，针对公诉人、当事人或者辩护人、诉讼代理人对鉴定意见可能提出的疑问事项，而事先设计的题目和回答题目的要点；并预备与鉴定有关的展示资料，如检验图片、特征比对表等。主要作用有如下三个方面：

（1）升华认识。庭前设题的过程，是对鉴定案件再认识的过程，而这一过程，一般比原认识更为深刻。因可去伪存真、由表及里，故有助于鉴定人在出庭作证中的表达更准确、更有针对性。

（2）提示。俗话说，好记性不如烂笔头。在出庭作证时可以用庭前设题提醒自己，告诉自己该往哪里说、应该说些什么等。

（3）方便记忆。庭前设题、修改设题的过程，都是在刺激大脑记忆的神经。虽然全篇表达内容往往难记，但有个提纲要记起来就方便许多。所以，庭前设题有方便记忆的作用。

庭前设题的主要方法有：

（1）纵向设题。就是按照司法鉴定意见书的顺序设题，即事实、证据、理由、结论的顺序。

（2）横向设题。就是如何准确适用鉴定标准、作出结论性鉴定意见的直接证据。

（3）重点设题。就是根据本案的实际情况，抓住两三个关键性问题设题。主要适用于涉及一果多因的鉴定案件。

二、步步推论，环环紧扣

步步推论，环环紧扣，就是鉴定人在作证时，就鉴定案件的事实，从事理上、标准上，紧紧扣住结论性鉴定意见，一步一步地加以推论，从而顺理成章地得出结论性鉴定意见的必然性，使当事人无言可辩。同时，鉴定案件的事实，与鉴定人所指出的适用鉴定标准十分恰当、准确，让事实与鉴定依据紧紧咬住，如同链条，一环紧扣一环。

三、重点把握回答的范围

在出庭作证时，鉴定人应自觉地把握“五答”“五不答”的范围。

（一）“五答”

（1）对鉴定案件的定性有分歧的要答辩（如把轻伤说成是重伤）。

（2）对鉴定案件的事实提出异议，而实际上证据确实、充分的要答辩。

（3）曲解鉴定标准条文和概念的，决不让步，必须答辩。

（4）把客观现象说成是构成鉴定案件事实的主要原因的，必须澄清，予以答辩。

（5）要求改变鉴定意见的理由不充分、不适当、不符合法律规定的，要据理依法反驳，应当答辩。

（二）“五不答”

（1）对于涉及国家机密、商业秘密、个人隐私的内容，不予答辩。

（2）与鉴定案件无关的内容，不予答辩。

（3）鉴定意见书中已经阐明，而当事人又提出的，不再重复。

（4）属于理论性或学术性讨论的问题，不宜争辩，避免节外生枝，陷入被动。

（5）法律上已有明文规定的问题，指出根据，不予答辩。

四、善于说明与反驳

（一）说明

出庭作证是在严肃、真实与合法的前提下进行的，出庭质证的内容，主要是围绕鉴定意见的合法性和真实性，进行质疑、说明与辩驳。

说明是简明扼要地对实施鉴定案件的程序和理由解说清楚的表达方式。说明的过程就是排除对鉴定意见怀疑的过程，因此，说明的核心就是要针对控辩双方和法官的提问，作出符合常理及逻辑的解释。

（1）说明鉴定机构及其鉴定人资质，据以证明受理鉴定的合法性。

（2）说明鉴定材料的来源，据以证明鉴定材料的可靠性。

（3）说明实施鉴定过程中所适用的技术规范、技术方法和使用的仪器设备，据以证明实施鉴定方法的规范性，实施鉴定手段的科学性。

（4）说明鉴定结果的事实论证以及适用的鉴定标准，据以证明得出的结论性鉴定意见有确实、充分的事实证据和标准依据，符合常理及逻辑。

（二）反驳

反驳和证明是相辅相成的。从逻辑上确定某一判断的真实性叫证明；确定某一判断的虚假性叫反驳。广义的逻辑证明也包含了反驳，因此可以说反驳是一种特殊形式的证明。

反驳也由三个部分组成：一是被反驳的论题，其内容是反驳者的对立面的观点，所回答的是“要反驳什么”这一问题。二是用来反驳的论据，其内容是确定论题的虚假性的那些判断，所回答的是“用什么来反驳”这一问题。三是反驳时所使用的论证方式，所回答的是“怎样来反驳”这一问题。

用事实和道理证明对方的论点是错误的，可以直接反驳。绝大多数的反驳都属于这一类，所以直接反驳是最主要、最常用的一种反驳方法。

反驳论据，就是证明对方提出的论据是虚假的或未得到证明的，指出对方提出的论点是站不住脚的。只要能证明对方的论据是靠不住的，那么对方的论点也就失去了建立起来的依据，难以得到证明。只要驳倒了对方的论点，就能把对方的观点和主张推翻。

反驳论证，就是指出对方在论证过程中的逻辑错误，从而推翻对方的论点。

鉴定案件实例

人体损伤重新鉴定案

200×年×月×日，被鉴定人孙××被人用刀割伤颈部及双手，200×年×月×日至200×年×月×日住院治疗。200×年×月×日，办案机关委托××××司法鉴定所对被鉴定人孙××的损伤程度进行初次鉴定，该鉴定所作出了“颈部横行创口长度5厘米，已缝合。被鉴定人孙××之损伤程度属轻伤”的鉴定意见。200×年×月×日××县人民法院另行委托××××司法鉴定所对被鉴定人孙××的损伤程度进行重新鉴定。

在重新鉴定中，该鉴定所的法医们经阅读病历资料并对照活体检验结果，否定了原司法鉴定所“引用《人体轻伤鉴定标准（试行）》（法司〔1990〕6号）第十七条规定将该损伤评定为轻伤”的鉴定意见，并根据《人体轻微伤鉴定标准（试行）》（GA/T 146—1996）第3.18和5.2条款的规定，作出了“被鉴定人孙××的损伤为轻微伤”的鉴定意见。

逻辑分析

本案中，法医运用了直接反驳的逻辑方法。原司法鉴定所作出“被鉴定人孙××之损伤程度属轻伤”鉴定意见时提出的论据：一是事实依据即被鉴定人孙××“颈部横行创口长度5厘米，已缝合”；二是鉴定标准依据即“引用《人体轻伤鉴定标准（试行）》（法司〔1990〕6号）第十七条规定”。

经证明：被鉴定人孙××颈部横行创口长度5厘米的事实依据来源于外科医生在手术时的目测，没有得到确认，与真实损伤不相符，具有虚假成分，所以不应作为认定鉴定事实的证据使用；如将孙××颈前的创口与双手的创口相加，按肌体皮肤及皮下组织创口累计总长度计算，其疤痕总长度为8.1cm，再按疤痕缩小比例复原，其原始长度应为8.9cm，亦不够《人体轻伤鉴定标准（试行）》所规定的轻伤下限，引用鉴定标准有错误。所以，原司法鉴定所作出“被鉴定人孙××之损伤程度属轻伤”鉴定意见的理由靠不住，因此，“被鉴定人孙××之损伤程度属轻伤”的鉴定意见也就没有根据。这种反驳称为直接反驳。

本案中所运用的直接反驳的逻辑方法，同样适用于鉴定人出庭作证时反驳对方的论点、论据和论证。

实践表明，鉴定人出庭作证，解释鉴定的程序和理由，回答控辩双方和法官的提问，有助于诉讼参与各方更加全面地了解鉴定意见，更为信服地排除对鉴定意见的怀疑，有利于庭审的顺利进行和对案件事实的查证属实。

附 录

司法鉴定常用文本参考样式

一、受理办案机关委托司法鉴定登记表

受案字〔20　　年〕　　号

<table>
<tr><td rowspan="2">委托机关</td><td>机关名称</td><td colspan="2"></td><td colspan="2">委托时间</td><td colspan="2">年　月　日</td></tr>
<tr><td>联系人</td><td></td><td colspan="2">联系电话</td><td colspan="3"></td></tr>
<tr><td colspan="2">接案人</td><td>接案时间</td><td colspan="2">年　月　日</td><td>接案地点</td><td colspan="2"></td></tr>
<tr><td colspan="8">委托鉴定事项及要求：</td></tr>
<tr><td>初审人意见</td><td colspan="7">经审查委托鉴定事项、鉴定材料，属本机构司法鉴定业务范围，鉴定用途合法，提供的鉴定材料能够满足鉴定需要，建议受理。

初审人签名：　　　　　　　年　月　日</td></tr>
<tr><td>鉴定机构意见</td><td colspan="7">同意受理。由__________________进行鉴定。

负责人签名：　　　　　　　年　月　日</td></tr>
</table>

办案机关，是指办理诉讼案件的侦查机关、审查起诉机关和审判机关。

二、受理委托司法鉴定登记表

受案字〔20　　年〕　　号

<table>
<tr><td rowspan="2">委托
单位</td><td>单位名称</td><td colspan="2"></td><td colspan="2">委托时间</td><td colspan="2">年　月　日</td></tr>
<tr><td>联系人</td><td colspan="2"></td><td colspan="2">联系电话</td><td colspan="2"></td></tr>
<tr><td rowspan="3">委托人</td><td>姓　名</td><td></td><td>性别</td><td></td><td>委托时间</td><td colspan="2">年　月　日</td></tr>
<tr><td>身份证号码</td><td colspan="6"></td></tr>
<tr><td>联系电话</td><td colspan="6"></td></tr>
<tr><td>接案人</td><td></td><td>接案时间</td><td colspan="2">年　月　日</td><td>接案地点</td><td colspan="2"></td></tr>
<tr><td colspan="8">委托鉴定事项及要求：</td></tr>
<tr><td>初审人
意见</td><td colspan="7">经审查委托鉴定事项、鉴定材料，属本机构司法鉴定业务范围，鉴定用途合法，提供的鉴定材料能够满足鉴定需要，建议受理。

初审人签名：　　　　　　　　年　月　日</td></tr>
<tr><td>鉴定机构
意见</td><td colspan="7">同意受理，与委托人签订司法鉴定委托书。由____________进行鉴定。

负责人签名：　　　　　　　　年　月　日</td></tr>
</table>

本登记表适用于除办案机关以外的单位和公民个人委托的司法鉴定。

三、补充鉴定材料通知书

×××司法鉴定中心（所）
补充鉴定材料通知书

（副本）

×鉴（　）补字〔20××〕×号

委托单位名称或者委托人姓名：

你（你单位）20××年×月×日提供×××鉴定事项的鉴定材料不完整、不充分，不能满足鉴定需要，根据《司法鉴定程序通则》第十四条第二款之规定，我中心（所）要求你（你单位）于收到本通知书之日起×日内补齐下列鉴定材料：______________________。如不按要求完成补充鉴定材料的，我中心（所）将不予受理你（你单位）委托的鉴定。

司法鉴定机构（印）

年　月　日

本通知书已收到。

签收人：

年　月　日

此联附卷

×××司法鉴定中心（所）
补充鉴定材料通知书

×鉴（　）补字〔20××〕×号

委托单位名称或者委托人姓名：

你（你单位）20××年×月×日提供×××鉴定事项的鉴定材料不完整、不充分，不能满足鉴定需要，根据《司法鉴定程序通则》第十四条第二款之规定，我中心（所）要求你（你单位）于收到本通知书之日起×日内补齐下列鉴定材料：______________。如不按要求完成补充鉴定材料的，我中心（所）将不予受理你（你单位）委托的鉴定。

司法鉴定机构（印）

年　月　日

此联交鉴定委托机关（委托单位、委托人）

四、司法鉴定风险告知书

司法鉴定风险告知书

根据《司法鉴定程序通则》（司法部令第 132 号）的规定，现就委托的司法鉴定可能出现的鉴定风险告知如下：

一、委托人应当提供真实、完整、充分的鉴定材料，并对鉴定材料的真实性、合法性负责。

二、在鉴定过程中，因有下列情形之一导致鉴定机构终止鉴定的，由委托人承担责任：

（一）鉴定材料不真实、不完整、不充分或者取得方式不合法的。

（二）鉴定材料发生耗损，委托人不能补充提供的。

（三）委托人拒不履行司法鉴定委托书规定的义务、被鉴定人拒不配合或者鉴定活动受到严重干扰，致使鉴定无法继续进行的。

（四）委托人主动撤销鉴定委托，或者委托人拒绝支付鉴定费用的。

三、由于鉴定材料或者客观条件限制，并非所有鉴定都能得出明确的鉴定意见。

四、鉴定活动遵循独立、客观、公正的原则，因此，鉴定意见可能对委托人有利，也可能不利。

五、鉴定意见属于专家专业性意见，其是否被采信取决于办案机关的审查和判断，鉴定人和鉴定机构无权干涉。

上列五项鉴定风险告书内容本委托人已阅知。

委托人签名：

年　月　日

本鉴定风险告知书在与委托人签订司法鉴定委托书时交委托人收执一份，存档一份。

五、委托司法鉴定权利义务告知书

委托司法鉴定权利义务告知书

根据《司法鉴定人登记管理办法》《司法鉴定程序通则》《司法鉴定执业活动投诉处理办法》的规定，在委托司法鉴定期间，委托人有如下权利和义务。

一、委托人享有如下权利：

（一）有权决定是否与司法鉴定机构约定鉴定的时限。

（二）有权决定是否同意司法鉴定机构派员到现场提取鉴定材料，指派或者委托人员在场见证并在提取记录上签名。

（三）对鉴定有特殊要求的，可以从委托鉴定的机构中选择符合条件的司法鉴定人进行鉴定。

（四）有权向司法鉴定机构提出要求司法鉴定人回避。对司法鉴定机构作出的司法鉴定人是否回避的决定有异议的，可以撤销鉴定委托。

（五）有下列情形之一的，有权要求司法鉴定机构进行补充鉴定：

1. 原委托鉴定事项有遗漏的；

2. 委托人就原委托鉴定事项提供新的鉴定材料的；

3. 其他需要补充鉴定的情形。

（六）因特殊原因，委托人可以委托原司法鉴定机构进行重新鉴定。

（七）有权对鉴定过程、鉴定意见提出询问，要求司法鉴定机构和司法鉴定人给予解释或者说明。

（八）委托人认为受委托的鉴定机构和鉴定人在执业活动中有下列违法违规情形之一的，有权向司法行政机关投诉：

1. 违反司法鉴定程序规则从事司法鉴定活动的；

2. 因不负责任给当事人合法权益造成损失的；

3. 违反司法鉴定收费管理规定的；

4. 司法鉴定机构无正当理由拒绝接受司法鉴定委托的；

5. 司法鉴定人经人民法院通知，无正当理由拒绝出庭作证的；

6. 司法鉴定人故意作虚假鉴定的。

二、委托人应当履行以下义务：

（一）委托鉴定，应当向司法鉴定机构提供真实、完整、充分的鉴定材料，并对鉴定材料的真实性、合法性负责。

（二）对于鉴定材料不完整、不充分，不能满足鉴定需要的，委托人应当按司法鉴定机构要求及时补正。

（三）司法鉴定机构决定受理鉴定委托的，委托人应与鉴定机构签订司法鉴定委托书，向司法鉴定机构支付司法鉴定费用。

（四）委托人不得要求或者暗示司法鉴定机构、司法鉴定人按其意图或者特定目的提供鉴定意见。

（五）鉴定过程中，经司法鉴定机构通知，委托人应当到场见证，并在鉴定记录上签名，或者指派人员在场见证并在提取记录上签名。

上列十三项权利义务告知内容本委托人已阅知。

委托人签名：

年　月　日

本告知书在签订司法鉴定委托书时交委托人收执一份，存档一份。

六、不予受理鉴定委托通知书

×××司法鉴定中心（所）
不予受理鉴定委托通知书

（副本）

×鉴（临）不受字〔20××〕×号

委托单位名称或者委托人姓名：

你（你单位）于20××年×月×日向我中心（所）提出的委托鉴定事项及提供的鉴定材料，我中心（所）经审查认为，具有委托鉴定事项超出本机构司法鉴定业务范围的情形。根据《司法鉴定程序通则》第十五条之规定，决定不予受理，退还鉴定材料。

司法鉴定机构（印）

年　月　日

本通知书已收到。

签收人：

年　月　日

此联附卷

×××司法鉴定中心（所）
不予受理鉴定委托通知书

×鉴（临）不受字〔20××〕×号

委托单位名称或者委托人姓名：

你（你单位）于20××年×月×日向我中心（所）提出的委托鉴定事项及提供的鉴定材料，我中心（所）经审查认为，具有委托鉴定事项超出本机构司法鉴定业务范围的情形。根据《司法鉴定程序通则》第十五条之规定，决定不予受理，退还鉴定材料。

司法鉴定机构（印）

年　月　日

此联交鉴定委托单位或者委托人

七、终止司法鉴定通知书

×××司法鉴定中心（所）
终止司法鉴定通知书

（副本）

×鉴（临）终鉴字〔20××〕×号

委托单位名称或者委托人姓名：

你（你单位）于20××年×月×日委托我中心（所）实施的××伤残等级鉴定事项，我中心（所）经审查认为，具有委托人拒不履行司法鉴定委托书规定的义务、被鉴定人拒不配合或者鉴定活动受到严重干扰，致使鉴定无法继续进行的情形。根据《司法鉴定程序通则》第二十九条之规定，决定终止鉴定，退还鉴定材料。

司法鉴定机构（印）

年　月　日

本通知书已收到。

签收人：

年　月　日

此联附卷

×××司法鉴定中心（所）
终止司法鉴定通知书

×鉴（临）终鉴字〔20××〕×号

委托单位名称或者委托人姓名：

你（你单位）于20××年×月×日委托我中心（所）实施的××伤残等级鉴定事项，我中心（所）经审查认为，具有委托人拒不履行司法鉴定委托书规定的义务、被鉴定人拒不配合或者鉴定活动受到严重干扰，致使鉴定无法继续进行的情形。根据《司法鉴定程序通则》第二十九条之规定，决定终止鉴定，退还鉴定材料。

司法鉴定机构（印）

年 月 日

此联交鉴定委托单位或者委托人

八、人身检查委托人到场通知书

×××司法鉴定中心（所）
人身检查委托人到场通知书

（副本）

×鉴（临）通字〔20××〕×号

委托单位名称或者委托人姓名：

我鉴定中心（所）定于20××年×月×日×时在×（地点）对××进行身体检查。因其系无民事行为能力（或者限制民事行为能力）人，根据《司法鉴定程序通则》第二十五条第一款之规定，请你（你单位）届时到场见证（派员到场见证）

司法鉴定机构（印）

年　月　日

本通知书已收到。

签收人：

年　月　日

此联附卷

×××司法鉴定中心（所）
人身检查委托人到场通知书

×鉴（临）通字〔20××〕×号

委托单位名称或者委托人姓名：

我鉴定中心（所）定于20××年×月×日×时在×（地点）对××进行身体检查。因其系无民事行为能力（或者限制民事行为能力）人，根据《司法鉴定程序通则》第二十五条第一款之规定，请你（机关或单位）届时到场见证（派员到场见证）

司法鉴定机构（印）

年　月　日

此联交鉴定委托单位或者委托人

九、身体检查工作记录

封面

×鉴（临）检字〔20××〕×号

身体检查工作记录

制作单位：×××司法鉴定中心（所）

封二

目录

身体检查记录

时间：20××年×月×日×时×分至20××年×月×日×时×分。

司法鉴定人：刘××，主任法医师；何××，副主任法医师。

记录人：李××，法医助理。

被检查人：范××，男，现年37岁。

见证人：单位委托的，写明姓名、单位名称、职务。如：郑××，××××公安局刑事警察支队侦查员。

个人委托的，写明姓名、鉴定委托人、与被检查人关系。如：范××，鉴定委托人，系被检查人父亲。

在场人员：含监护人或者近亲属，写明姓名、性别、与被检查人关系。

事由和目的：根据（单位委托的，写单位名称；个人委托的，写个人姓名）的鉴定委托，查明被检查人范××的损伤事实。

地点：××××××。

过程和结果：主要应详细记载检查的内容、方法、使用的仪器设备以及检查结果等的情况。

司法鉴定人刘××、何××，在见证人×××的见证下，对被检查人范××进行身体检查。接着按照检查身体的顺序，采用“一、（一）1. 二、（一）1. 三、（一）1.”序号记载身体检查的过程和结果。

司法鉴定人：
记录人：
见证人：

第　页　共　页

附件

身体检查现场照片

被检查人身照片

被检查人个体特征、损伤部位照片

照相人：

照相时间：　　年　月　日

十、精神病鉴定委托人到场通知书

×××司法鉴定中心（所）
精神病鉴定委托人到场通知书

（副本）

×鉴（精）通字〔20××〕×号

委托单位名称或者委托人姓名：

我鉴定中心（所）定于20××年×月×日×时在×（地点）对×××进行精神病鉴定。根据《司法鉴定程序通则》第二十五条第二款之规定，请你（你单位）届时到场见证（派员到场见证）。

司法鉴定机构（印）

年　月　日

本通知书已收到。

签收人：

年　月　日

此联附卷

×××司法鉴定中心（所）
精神病鉴定委托人到场通知书

×鉴（精）通字〔20××〕×号

委托单位名称或者委托人姓名：

我鉴定中心（所）定于20××年×月×日×时在×（地点）对×××进行精神病鉴定。根据《司法鉴定程序通则》第二十五条第二款之规定，请你（你单位）届时到场见证（派员到场见证）。

司法鉴定机构（印）

年　月　日

此联交鉴定委托单位或者委托人

十一、精神病鉴定工作记录

封面

×鉴（精）检字〔20××〕×号

精神病鉴定工作记录

制作单位：×××司法鉴定中心（所）

封二

目录

精神病鉴定记录

时间：20××年×月×日×时×分至20××年×月×日×时×分。

司法鉴定人：刘××，主任法医师；何××，副主任法医师。

记录人：李××，法医助理。

被鉴定人：范××，男，现年37岁。

见证人：单位委托的，写明姓名、单位名称、职务。如：郑××，×××××人民检察院检察员。

个人委托的，写明姓名、鉴定委托人、与被鉴定人关系。如：范××，鉴定委托人，系被鉴定人父亲。

在场人员：含监护人或者近亲属，写明姓名、性别、与被鉴定人关系。

事由和目的：根据（单位委托的，写单位名称；个人委托的，写个人姓名）的鉴定委托，查明被鉴定人范××的精神病事实。

地点：××××××。

过程和结果：主要应详细记载鉴定的内容、方法，使用的仪器设备，以及检查、检验、检测结果等。

司法鉴定人刘××、何××，在见证人×××的见证下，对被鉴定人范××进行精神病鉴定。接着按照精神病鉴定的顺序，采用“一、（一）1. 二、（一）1. 三、（一）1.”序号记载精神病鉴定的过程和结果。

司法鉴定人：
记录人：
见证人：

第　页　共　页

附件

精神病鉴定现场照片

被鉴定人身照片

被鉴定人检查时照片

照相人：

照相时间：　　年　月　日

十二、解剖尸体委托人到场通知书

×××司法鉴定中心（所）
解剖尸体委托人到场通知书

（副本）

×鉴（病）解通字〔20××〕×号

委托单位名称或者委托人姓名：

为确定死者×××的死亡原因，我鉴定中心（所）决定于20××年×月×日×时在××（地点）对其尸体进行解剖检验鉴定。根据《司法鉴定程序通则》第二十五条第三款之规定，请你（你单位）届时到场见证（派员到场见证）。

司法鉴定机构（印）

年　月　日

本通知书已收到。

签收人：

年　月　日

此联附卷

×××司法鉴定中心（所）
解剖尸体委托人到场通知书

×鉴（病）解通字〔20××〕×号

委托单位名称或者委托人姓名：

为确定死者×××的死亡原因，我鉴定中心（所）决定于20××年×月×日×时在××（地点）对其尸体进行解剖检验鉴定。根据《司法鉴定程序通则》第二十五条第三款之规定，请你（你单位）届时到场见证（派员到场见证）。

司法鉴定机构（印）

年　月　日

此联交鉴定委托单位或者委托人

十三、解剖尸体工作记录

封面

×鉴（病）检字（20××）×号

解剖尸体工作记录

制作单位：×××司法鉴定中心（所）

封二

目录

解剖尸体记录

时间：20××年×月×日×时×分至20××年×月×日×时×分。

司法鉴定人：刘××，主任法医师；何××，副主任法医师。

记录人：李××，法医助理。

死者：张××，男，现年37岁。

见证人：单位委托的，写明姓名、单位名称、职务。如：郑××，××××公安局刑事警察支队侦查员。

个人委托的，写明姓名、鉴定委托人、与死者的关系。如：张××，鉴定委托人，系死者的父亲。

在场人员：含监护人或者近亲属，写明姓名、性别、与死者的关系。

事由和目的：根据（单位委托的，写单位名称；个人委托的，写个人姓名）的鉴定委托，查明死者张××的死亡原因事实。

地点：××××××。

过程和结果：主要应详细记载死者的衣着状况，尸体的外表现象，伤痕的形状、大小和位置，按印指纹、掌纹和提取血、尿、胃内容以及解剖检验结果等的情况。

司法鉴定人刘××、何××，在见证人×××的见证下，对死者张××的尸体进行解剖检验鉴定。接着按照解剖检验的顺序，采用"一、（一）1. 二、（一）1. 三、（一）1."序号记载解剖检验的过程和结果。

司法鉴定人：

记录人：

见证人：

第　页　共　页

附件

解剖尸体现场照片

存放尸体部位照片

尸体损伤痕迹部位照片

照相人：

照相时间： 年 月 日